# L'ATELIER MACRAMÉ
# TOUT EN COULEURS

**Françoise Vauzeilles**

Photographies d'Émilie Guelpa

# L'ATELIER MACRAMÉ TOUT EN COULEURS

**+ DE 20 MODÈLES À CRÉER** POUR PIMPER SON INTÉRIEUR

MARABOUT D'FICELLE

# INTRODUCTION

De la corde, une paire de ciseaux et des nœuds de base : c'est tout ce qu'il vous faut pour démarrer le macramé ! Cette technique ancestrale de nouage de fils et de nœuds, simple et accessible, est idéale pour égayer votre intérieur, surtout en osant la couleur. Et elle peut être adaptée à tous les styles.

Une fois les gestes de base maîtrisés grâce au cahier technique clair et détaillé, vous pourrez laisser s'exprimer votre créativité.

Osez la gaieté dans le macramé en optant pour des fils colorés ou grâce aux teintures végétales. Jouez sur les déclinaisons de tons ou sur les contrastes audacieux, pour une déco tout en couleurs !

Porte-plante, abat-jour à franges, attrape-rêve multicolore, guirlande lumineuse... lancez-vous et fabriquez des compositions ludiques et originales.

# SOMMAIRE

# MATÉRIEL ET FOURNITURES

Le macramé ne demande pas beaucoup de matériel ni de nombreuses fournitures. Une bonne paire de ciseaux bien aiguisée suffit pour se lancer. Certains projets plus complexes nécessitent un peu plus de matériel, mais rien d'onéreux ou que vous n'ayez dans votre boîte à outils ou votre nécessaire de mercerie…

Pour les fournitures, vous utiliserez de la corde… tressée, câblée, peignée, mais toujours de bonne qualité pour que les projets soient beaux et résistent au temps. Il en faut parfois beaucoup… alors faites en sorte d'avoir toujours suffisamment de corde pour terminer un projet. Mieux vaut avoir trop de corde que pas assez !

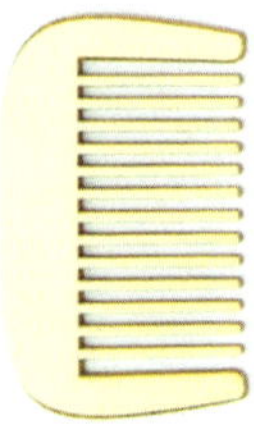

Peignes pour franges

Règle

Aiguilles

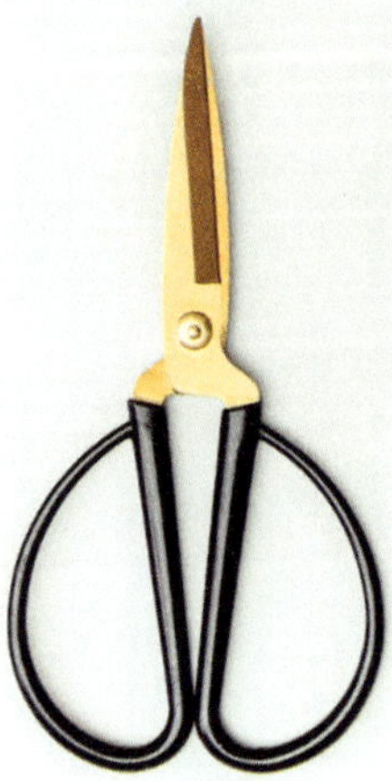

Paire de ciseaux

Corde peignée (3 mm de Ø)

Corde peignée (9 mm de Ø)

Corde câblée (5 mm de Ø)
Corde tressée (3 mm de Ø)
Corde câblée (3 mm de Ø)
Anneaux en bois et en rotin
Corde tressée (3 mm de Ø)
Corde câblée (4 mm de Ø)

# LE PORTE-PLANTES 3 ÉTAGES

**Fournitures**
66 m de corde tressée caramel de 5 mm de Ø

**Matériel**
1 paire de ciseaux

**Nœuds employés**
Tresse à 4 fils (voir page 75)
Nœud de capucin (voir page 69)
Demi-nœud plat torsadé (voir page 66)
Nœud plat (voir page 66)

Coupez 8 morceaux de corde tressée de 8 m de longueur et 4 morceaux de 50 cm. Rassemblez les 8 longues cordes et pliez-les en deux pour marquer le milieu. En commençant à 6 cm de la pliure, réalisez une tresse de 4 fois 2 fils de 12 cm de longueur. Pliez la tresse en deux et faites un nœud de capucin sous la tresse avec un morceau de corde de 50 cm.

Séparez les 16 fils en 4 groupes de 4 fils. Faites 20 demi-nœuds plats torsadés sur chaque groupe de fils. À 30 cm à partir des derniers demi-nœuds plats torsadés, faites 2 nœuds plats alternés puis réalisez un nœud de capucin autour de tous les fils avec un morceau de corde de 50 cm. Vous venez de former le premier filet porte-plante.

Reprenez deux fois les explications ci-dessus à partir du nœud de capucin de façon à réaliser 3 filets porte-plantes.

**Astuce**

Avec cette même technique, vous pouvez réaliser plusieurs porte-plantes de hauteurs et de couleurs différentes.
Pour un porte-plante à un étage, il vous faudra 25 m de corde tressée : 8 morceaux de corde de 3 m et deux autres morceaux de corde 50 cm.

Pour un porte-plante à deux étages, il vous faudra 49,5 m de corde tressée : 8 morceaux de corde de 6 m et trois autres morceaux de corde de 50 cm.

# L'ABAT-JOUR À FRANGES

**Fournitures**

1 carcasse d'abat-jour rectangulaire (20 x 13 cm en bas et 13 x 8 cm en haut)

75 m de corde tressée terracotta de 3 mm de Ø

18 m de corde peignée fraise de 3 mm de Ø

**Matériel**

1 paire de ciseaux

**Nœuds employés**

Nœud à tête d'alouette (voir page 62)

Nœud simple (voir page 64)

Accrochez la corde terracotta sur la carcasse de l'abat-jour par un nœud simple fait sur le montant du bas. En la passant en haut puis en bas autour des montants de la carcasse, couvrez-en tout le tour de l'abat-jour en serrant bien les fils les uns contre les autres. Pour terminer, faites un nœud simple bien serré sur le montant du bas, à l'intérieur de l'abat-jour, et coupez la corde à 1 cm du nœud.

Pour les franges, coupez 75 morceaux de corde fraise de 24 cm. Fixez une frange sur le montant du bas par un nœud à tête d'alouette après chaque fil terracotta.

Égalisez les franges.

# L'ATTRAPE-RÊVE TRICOLORE

### Fournitures

1 cercle en métal de 35cm de Ø

16,5 m de cordon de rembourrage écru de 8 mm de Ø

32 m de corde câblée rose pâle de 3 mm de Ø

48 m de corde câblée terracotta de 3 mm de Ø

### Matériel

1 paire de ciseaux

### Nœuds employés

Nœud à tête d'alouette (voir page 62)

Nœud plat (voir page 66)

Demi-nœud plat torsadé (voir page 66)

Demi-clé (voir page 65)

Baguette simple oblique (voir page 71)

Tresse à 4 fils (voir page 75)

Pliez en deux 3 morceaux de 5,5 m de cordon de rembourrage et glissez-les à cheval sur le cercle, côte à côte. Vous obtenez alors 3 groupes de 2 fils que vous utiliserez ensemble. Faites une tresse de gauche à droite, en prenant le cercle dans la tresse, puis faites un nœud simple avec les 6 fils.

Coupez 8 morceaux de 4 m de corde câblée rose pâle et 12 morceaux de 4 m de corde câblée terracotta. Pliez en deux les fils terracotta et fixez-les régulièrement sur la couronne tressée par un nœud à tête d'alouette : un dans la première boucle de la tresse et un en vis-à-vis dans la dernière, puis un fil de chaque côté dans la boucle suivante. Fixez les fils rose pâle sur la couronne de la même manière, à la suite.

Faites 3 rangs de nœuds plats alternés avec les 6 fils de gauche et les 6 fils de droite du haut. Faites un nœud plat avec les 12 fils ensemble, en laissant 4 fils dormants au centre du nœud.

Avec les 4 fils terracotta suivants de gauche et de droite, faites de chaque côté 8 cm de nœuds plats torsadés.

Avec les 2 derniers fils terracotta de gauche et de droite, réalisez de chaque côté 6 demi-clés.

Avec les 24 fils terracotta, réalisez 6 rangs de nœuds plats alternés en diminuant d'un nœud de chaque côté à chaque rang pour former un triangle, puis une baguette oblique de chaque côté de la pointe du triangle.

Avec les 8 fils rose pâle, faites une tresse à 4 brins de 6 cm de chaque côté en prenant les fils deux par deux. Faites ensuite un nœud plat contre la couronne, à l'intérieur, avec les 16 fils ensemble, en laissant 8 fils dormants au centre du nœud, et un second nœud plat contre la couronne, à l'extérieur.

Reprenez les fils terracotta et faites une baguette oblique autour des fils de chaque tresse rose pâle. Passez un fil sur deux terracotta devant et derrière la couronne tressée.

Recoupez les franges à la hauteur souhaitée.

# LA TENTURE POMPONS

### Fournitures

1 barre en bois de 50 cm de longueur

Des cordes câblées, tressées, peignées de différentes grosseurs et de différentes couleurs et d'au moins 2 m de longueur

### Matériel

1 paire de ciseaux

### Nœuds employés

Nœud à tête d'alouette (voir page 62)

Nœud plat (voir page 66)

Demi-nœud plat torsadé (voir page 66)

Nœud mouchet (voir page 64)

Franges ligaturées (pour réaliser les pompons, voir page 75)

Ce projet est idéal pour utiliser tous vos restes de corde de différentes sortes.

La longueur des cordes déterminera la taille finale de la tenture, toutefois un minimum de 2 m pour chaque fil est nécessaire afin d'obtenir un rendu « spectaculaire ».
Commencez par nouer toutes les cordes sur la barre de bois avec un nœud à tête d'alouette, puis amusez-vous à mélanger les nœuds plats, torsadés, les tresses…

Pour ajouter un côté encore plus bohème, confectionnez des pompons de la même manière que les franges ligaturées, puis attachez-les aux extrémités de certaines cordes.

Les cordes ont été teintes avec la teinture végétale (voir page 60).

# L'EMBRASSE DE RIDEAU FEUILLE

### Fournitures

8,3 m de corde câblée framboise de 3 mm de Ø

1 lot de boules en feutre de couleurs assorties de 2 à 4 cm de Ø (ou des boules en papier mâché, des perles en bois)

1 bobine de fil de nylon solide

### Matériel

1 paire de ciseaux

1 peigne

### Nœuds employés

Nœud droit (voir page 65)

Nœud simple double (voir page 64)

Nœud de capucin (voir page 69)

Réalisez la feuille : pliez en deux 60 cm de corde câblée qui serviront de nervure centrale à la feuille. Faites un nœud de capucin de 12 tours à environ 1 cm du haut de la nervure avec un morceau de corde de 70 cm. Serrez bien le nœud et coupez la corde au ras. Vous avez ainsi une petite boucle qui vous permettra de glisser la feuille dans le collier de perles.

Coupez 28 morceaux de corde câblée de 25 cm de longueur et nouez-les deux par deux sur toute la hauteur de la nervure en faisant des nœuds droits alternés à droite et à gauche, bien serrés les uns contre les autres.

Faites ensuite un nœud simple double avec les deux extrémités de la corde de la nervure pour maintenir les nœuds et les empêcher de glisser.

Pour terminer, effilochez les fils de corde à l'aide du peigne puis recoupez les franges pour donner sa forme finale à la feuille.

Enfilez les boules de feutre sur du fil de nylon et glissez-y la feuille. Passez l'embrasse autour du rideau et fermez-la par un nœud bien serré.

### Astuce

Vous pouvez laisser la feuille « mouvante » mais, si vous souhaitez la rigidifier un peu, vaporisez dessus de la laque à cheveux ou de l'amidon en spray avant de la glisser sur le collier de perles.

# L'ARC-EN-CIEL RAPHIA

## Fournitures

75 m de raphia de couleur

30 m de corde câblée naturel chiné de 3 mm de Ø

## Matériel

1 paire de ciseaux

1 aiguille

1 bobine de fil à coudre assorti à la corde câblée

## Nœud employé

Nœud plat
(voir page 66)

Coupez 5 morceaux de de corde câblée de 6 m de longueur. Faites 5 paquets de 10 morceaux de raphia de 1,5 m de longueur.

Réalisez le premier arc : faites 45 cm de nœuds plats avec les 2 brins d'un morceau de corde câblée et un paquet de fils de raphia, en commençant à 30 cm d'une extrémité du raphia (le raphia est ce que l'on appelle les « brins dormants » et les deux fils de corde les « brins courants »).

Réalisez les 4 autres arcs de la même manière puis courbez-les pour les mettre en forme. Emboîtez-les les uns dans les autres et assemblez-les par des petits points invisibles avec le fil à coudre.

# LE SAC À VRAC

**Fournitures**
42 m de corde tressée de 3 mm de Ø

**Matériel**
1 paire de ciseaux

**Nœuds employés**
Nœud à tête d'alouette
(voir page 62)
Nœud plat
(voir page 66)
Nœud Susten
(voir page 68)
Nœud simple
(voir page 64)

Ce petit sac à vrac se travaille en deux parties séparées pour le démarrage (ouverture du sac en haut), puis les deux faces sont réunies dès le premier tour de nœuds Susten.

Pour la première face, coupez 10 morceaux de corde tressée de 2 m et un morceau de 1 m.

Pliez en deux les 10 longs fils et attachez-les au fil « fixe » de 1 m avec des nœuds à tête d'alouette.

Faites ensuite, de gauche à droite, 8 nœuds plats superposés (les uns en dessous des autres) avec les 4 premiers fils, puis 4 nœuds plats superposés avec les 4 fils suivants, 2 nœuds plats superposés avec les 4 fils suivants, 4 nœuds plats superposés avec les 4 fils suivants et enfin 8 nœuds plats superposés avec les 4 derniers fils.

Réalisez de la même manière le haut de la seconde face du sac.

Superposez les 2 faces du sac à vrac, envers contre envers, et travaillez en rond de façon à faire 10 tours de nœuds Susten espacés de 1,5 cm.

Arrivé au fond du sac à vrac, retournez-le sur l'envers et nouez deux par deux les extrémités des fils qui se font face.

Glissez les fils dans les derniers nœuds Susten, toujours sur l'envers. Serrez bien et recoupez les extrémités des fils à 1 cm des nœuds. Retournez le sac à vrac sur l'endroit.

Nouez simplement ensemble les 2 fils du haut de chaque face pour former les anses.

# LE PAILLASSON TRESSÉ

**Fournitures**
54 m de corde tressée bleu-gris de 9 mm de Ø

**Matériel**
1 paire de ciseaux

**Nœud employé**
Nœud chinois
(voir page 70)

Coupez 18 morceaux de corde tressée de 3 m de longueur. Faites deux groupes de 9 cordes et réalisez un nœud chinois.

Quand le nœud est terminé, tressez « dessus dessous » les 9 extrémités de corde restantes à chaque angle pour les maintenir, puis rentrez les fils sur l'envers du paillasson.

# LE FILET ARCHE DE NOÉ

**Fournitures**
46 m de corde câblée de différentes couleurs de 3 mm de Ø

**Matériel**
1 paire de ciseaux

**Nœuds employés**
Nœud à tête d'alouette (voir page 62)
Nœud plat (voir page 66)
Nœuds plats alternés (voir page 67)
Nœud simple (voir page 64)

Ce filet se travaille en deux parties séparées pour le démarrage (ouverture du filet en haut), puis les deux faces sont réunies dès le premier tour de nœuds plats alternés.
Pour la première face, coupez 16 morceaux de corde tressée de 2,5 m et 3 morceaux de 1 m.

Réunissez les 3 fils de 1 m, qui seront les fils « fixe ». Pliez en deux les 16 longs fils et attachez-les aux 3 fils « fixes » avec des nœuds à tête d'alouette en disposant les couleurs comme vous le souhaitez.

Faites ensuite, de gauche à droite, 7 nœuds plats superposés (les uns en dessous des autres, réalisés avec 2 fils dormants et 2 fils courants de chaque côté utilisés ensemble) sur les 6 premiers fils, puis 5 nœuds plats superposés sur les 4 fils suivants, 3 nœuds plats superposés sur les 4 fils suivant, 1 nœud plat, puis à nouveau 3 nœuds plats superposés sur les 4 fils suivants, 5 nœuds plats superposés sur les 4 fils suivants et, pour terminer, 7 nœuds plats superposés sur les 6 derniers fils (2 fils dormants et 2 fois 2 fils courants).

Réalisez de la même manière le haut de la seconde face du filet.

Superposez les deux faces du filet, envers contre envers, et travaillez en rond de façon à faire 12 tours de nœuds plats alternés espacés de 5 cm. Arrivé au fond du filet, retournez-le sur l'envers et nouez deux par deux les extrémités des fils qui se font face. Glissez les fils dans les derniers nœuds plats.
Serrez bien et recoupez les extrémités des fils à 2 cm des nœuds.
Retournez le filet sur l'endroit.

### Finitions des anses

Recentrez bien les nœuds à tête d'alouette du départ sur les « fils fixes » d'une face du filet. Torsadez ensemble les extrémités des fils fixes puis attachez-les de chaque côté du premier et du dernier nœud à tête d'alouette avec un nœud simple bien serré.

Formez la seconde anse de la même manière.

# LA LANTERNE BERBÈRE

**Fournitures**

1 cercle d'abat-jour avec bague de 25 cm de Ø

1 cercle nu d'abat-jour de 25 cm de Ø

96 m de corde câblée eucalyptus de 3 mm de Ø

97 m de corde câblée écrue de 2 mm de Ø

6 m de corde peignée eucalyptus de 9 mm de Ø

**Matériel**

1 paire de ciseaux

1 morceau de carton

**Nœuds employés**

Nœud à tête d'alouette (voir page 62)

Nœud plat (voir page 66)

Nœuds plats alternés (voir page 67)

Franges ligaturées (voir page 75)

Baguette simple oblique (voir page 71)

Nœud simple (voir page 64)

Coupez 48 morceaux de corde câblée eucalyptus de 2 m et 48 morceaux de corde câblée écrue de 2 m. Pliez en deux les 96 cordes et attachez-les sur le cercle d'abat-jour à bague avec des nœuds à tête d'alouette en alternant 8 cordes eucalyptus et 8 cordes écrues.

Travaillez rayure par rayure.
Rang 1 : faites 4 nœuds plats.
Rang 2 : faites 3 nœuds plats alternés.
Rang 3 : faites 2 nœuds plats alternés.
Rang 4 : faites 1 nœud plat alterné.

Répétez les 4 mêmes rangs sur toutes les rayures.

Pour relier les triangles que vous venez de former, faites un nœud plat en enfermant 6 fils dormants au centre du nœud et en l'alignant avec les nœuds plats des pointes des triangles.

Continuez le travail sur chaque rayure en faisant 3 nœuds plats en diagonale à droite et à gauche de la pointe du triangle. Le 4e nœud plat de chaque diagonale se fait à cheval sur une rayure eucalyptus et une rayure écrue pour fermer ainsi la ligne brisée pointant vers le haut.

Au milieu de chaque ligne brisée, réalisez un nœud plat en prenant 6 fils dormants à partir de la pointe au centre du nœud et en alignant le nœud avec la pointe de la ligne brisée.

Attachez les 96 fils sur le cercle du bas avec un nœud simple en laissant 20 cm de fil libre et en utilisant la technique des jours : nouez le fil sur le cercle du bas en gardant le fil un peu lâche, glissez dessous un carton de 20 cm de hauteur et resserrez le nœud contre le carton.

Faites pour les 6 rayures écrues un triangle de nœuds plats alternés et bordez chaque triangle par une baguette oblique.

Pour les 6 rayures eucalyptus, faites un nœud plat de 8 brins dormants au centre du nœud. Regroupez toutes les cordes en faisant autour une frange ligaturée avec un morceau de corde écrue de 1 m.

# LA SANGLE PORTE-CHAPEAU

### Fournitures

1 anneau en bois de 5 cm de Ø

18,5 m de corde câblée rouge brique de 3 mm de Ø

2 perles (avec un trou suffisamment large pour passer la corde dedans)

### Matériel

1 paire de ciseaux

### Nœuds employés

Nœud à tête d'alouette (voir page 62)

Baguette simple oblique (voir page 71)

Nœud plat (voir page 66)

Coupez 5 morceaux corde câblée de 3,7 m de longueur. Pliez tous les fils en deux et attachez-les sur l'anneau en bois avec des nœuds à tête d'alouette. Séparez les fils en deux groupes de 5. Faites 5 rangs de baguettes obliques sous l'anneau en partant du milieu puis 3 rangs de baguettes obliques en partant de l'extérieur.

À 50 cm de la pointe des dernières baguettes obliques, faites 5 rangs de baguettes obliques en partant de l'extérieur de façon à obtenir un « V ».

Séparez les fils en 2 groupes de 5 fils.

À 10 cm du dernier « V », faites un demi-nœud plat avec le premier groupe de fils en ne laissant qu'un seul fil dormant au centre. Glissez une perle sur ce fil dormant puis faites un second demi-nœud plat pour stabiliser la perle. Procédez de la même manière avec le second groupe de fils.

Recoupez les fils à la longueur désirée.

# LE CERCLE FLEURS SÉCHÉES

### Fournitures

1 cercle en bois de 35 cm de Ø

1 té F en cuivre de 35 mm de Ø

38,5 m de corde câblée mousse de 3 mm de Ø

Quelques feuilles et fleurs séchées

### Matériel

1 paire de ciseaux

### Nœuds employés

Baguette simple oblique (voir page 71)

Nœud simple (voir page 64)

Coupez 11 morceaux de corde de 3,5 m.

Alignez tous les fils à plat les uns contre les autres.

En partant du milieu, faites des baguettes obliques sur 35 cm. Retournez le travail et nouez de nouveau 35 cm de baguettes obliques.

Attachez la bande ainsi réalisée sur le cercle en bois, au centre, et glissez les fils dans le té en cuivre pour ajouter une belle finition.

Piquez sur la bande quelques jolies fleurs séchées.

# LE DESSOUS-DE-PLAT

**Fournitures**

1 cercle en bois de 20 cm de Ø

7 m de corde peignée eucalyptus de 9 mm de Ø

**Matériel**

1 paire de ciseaux

**Nœuds employés**

Nœud à tête d'alouette (voir page 62)

Nœud simple (voir page 64)

Pliez une extrémité de la corde sur 20 cm et attachez la corde sur le cercle en bois avec un nœud à tête d'alouette.

Faites des nœuds simples serrés les uns contre les autres sur tout le cercle en bois.
Quand le cercle est entièrement recouvert de corde, écartez le nœud à tête d'alouette du départ afin de tirer une boucle pour former l'accroche du dessous-de-plat.
Faites un nœud bien serré autour de cette boucle avec l'extrémité de la corde, tout contre le cercle.
Pour terminer, rentrez les 2 fils sur l'envers-du-dessous de plat dans les nœuds précédents.

# LA CORBEILLE ÉTAGÈRE EN OSIER

### Fournitures
1 corbeille en osier
de 20 cm de Ø

31,5 m de corde câblée rouille
de 3mm de Ø

### Matériel
1 paire de ciseaux

1 passe-lacet

### Nœud employé
Nœud à tête d'alouette
(voir page 62)

Nœud plat
(voir page 66)

Nœuds plats alternés
(voir page 67)

Baguette simple horizontale
(voir page 71)

Coupez 21 morceaux de corde câblée 1,5 m.
Tendez un fil à l'horizontale en le passant dans le tressage de la corbeille, de chaque côté de la corbeille, à mi-hauteur. Attachez-le fermement pour qu'il soit bien tendu.

Pliez en deux les 20 autres fils et nouez-les sur le fil horizontal avec des nœuds à tête d'alouette.
Faites un rang de nœuds plats.
Réalisez ensuite une baguette simple horizontale.
Continuez le travail par 4 rangs de nœuds plats alternés (vous suivez ainsi l'arrondi de la corbeille jusqu'à arriver au bas de celle-ci).

Passez tous les fils dans le tressage de la corbeille à l'aide d'un pace-lacet, le plus régulièrement possible.
Afin de terminer joliment cette petite « corbeille étagère », faites un rang de baguette simple en serrant bien les nœuds contre la corbeille.

# LA FLEUR DE PANIER

### Fournitures

1 panier en osier

12,5 m de corde câblée bleu paon de 3 mm de Ø
1,5 m de corde tressée de 3 couleurs assorties de 3 mm de Ø

### Matériel

1 paire de ciseaux

1 grosse aiguille ou 1 passe-lacet

### Nœuds employés

Baguette simple horizontale
(voir page 71)

Nœud simple
(voir page 64)

Nœud à tête d'alouette
(voir page 62)

Coupez 5 morceaux de corde câblée de 2,5 m de longueur et posez ces fils bien à plat verticalement, les uns contre les autres.

En commençant à 20 cm du haut des fils, faites 4 baguettes simples horizontales, de gauche à droite, puis 4 baguettes simples horizontales, de droite à gauche. Les baguettes forment une pointe.

À partir du deuxième rang retour, enfilez le fil sur une grosse aiguille, piquez au pied du nœud de la baguette en vis-à-vis à l'intérieur de la pointe et tirez pour resserrer le pétale. Le premier pétale est terminé.

Procédez de la même manière pour réaliser les 4 autres pétales. Quand tous les pétales sont finis, retournez la fleur et faites des nœuds simples bien serrés en prenant les fils deux par deux en vis-à-vis.

Passez quelques fils sur l'endroit, au centre de la fleur, recoupez-les et effilochez-les de façon qu'ils figurent des pistils.

Pliez en deux les 3 cordes de couleur et accrochez-les sur une anse du panier avec un nœud à tête d'alouette. Attachez la fleur sur les cordes par des nœuds simples avec les fils restés au dos de la fleur.

# LE VASE JOSÉPHINE

### Fournitures

40,6 m de corde câblée de différentes couleurs assorties de 3 mm de Ø

1 bouteille de 30 cm de hauteur

### Matériel

1 paire de ciseaux

### Nœuds employés

Nœud à tête d'alouette
(voir page 62)

Nœud plat
(voir page 66)

Nœud Joséphine
(voir page 69)

Coupez 20 morceaux de corde câblée de 2 m de longueur (ou autant de fils de 2 m de longueur que nécessaire selon le diamètre du col de la bouteille, ce nombre devant impérativement être divisible par 2).

Pliez en deux 19 fils et attachez-les sur le dernier fil avec un nœud à tête d'alouette, les uns à côté des autres et centrés sur le fil (= montage circulaire en nœuds à tête d'alouette). Nouez les extrémités de ce fil pour fermer en rond. Faites 2 tours de nœuds plats alternés et glissez l'ouvrage autour du col de la bouteille. Faites ensuite des nœuds Joséphine de 2 fois 4 fils disposés à différentes hauteurs.

Faites un nœud coulant autour du col de la bouteille avec un morceau de corde de 60 cm et serrez fort.

### Astuce

Vous pouvez miser sur une déclinaison de tons d'une même couleur ou bien jouer sur les contrastes et associer des couleurs chaudes et froides. Quel que soit votre choix, l'effet est garanti.

# LA GUIRLANDE LUMINEUSE

**Fournitures**

1 guirlande lumineuse

18 m de corde peignée fraise de 3 mm de Ø

18 m de corde peignée safran de 3 mm de Ø

2 m de corde câblée de 2 mm de Ø

**Matériel**

1 paire de ciseaux

1 peigne

**Nœuds employés**

Nœud à tête d'alouette (voir page 62)

Nœud plat (voir page 66)

Nœuds plats alternés (voir page 67)

Nœud mouchet (voir page 64)

Baguette simple oblique (voir page 71)

Coupez 6 morceaux de corde peignée fraise de 60 cm de longueur.

Pliez les fils en deux, accrochez-les côte à côte sur la corde câblée de 2 m avec un nœud à tête d'alouette.

Rang 1 : faites 3 nœuds plats.

Rang 2 : faites 2 nœuds plats alternés.

Rang 3 : faites 1 nœud plat alterné.

Vous obtenez un triangle pointant vers le bas.

Faites un nœud simple avec les 2 fils de la pointe du triangle puis d'un demi-nœud plat (= nœud mouchet) pour enfermer et faire ressortir la petite boule de fil du bas.

Bordez le triangle par une baguette oblique de chaque côté de la pointe.

Recoupez les franges et effilochez-les avec le peigne.
Réalisez 9 autres fanions de la même manière, régulièrement espacés sur la corde câblée.Vous obtenez 5 fanions fraise et 5 fanions safran.

Quand la guirlande est terminée, entourez une petite guirlande lumineuse autour de la corde pour qu'elle brille de mille feux.

# L'ARBRE DE VIE

**Fournitures**

1 cercle en bois de 25 cm de Ø

36 m de corde câblée écrue de 3 mm de Ø

**Matériel**

1 paire de ciseaux

**Nœuds employés**

Nœud simple (voir page 64)

Nœud à tête d'alouette (voir page 62)

Demi-nœud plat torsadé (voir page 66)

Coupez 18 morceaux de corde câblée de 2 m de longueur.

Pliez tous les fils en deux et attachez-les sur le cercle en bois avec des nœuds à tête d'alouette par groupes de deux fils.

Un arbre de vie étant unique, laissez libre cours à votre inspiration et à vos envies pour disposer les fils, qui seront le point de départ des branches, où vous le souhaitez sur le cercle. Travaillez ensuite les groupes de fils en demi-nœuds plats torsadés jusqu'au centre du cercle environ.

Regroupez alors les fils et travaillez-les tous ensemble en demi-nœuds plats torsadés pour former le tronc. Quand le tronc est terminé, faites des nœuds simples sur le cercle avec les 36 fils, les uns à côté des autres.

# LA DÉCO DE COUSSIN

### Fournitures

1 coussin de 30 x 50 cm

45 m de corde tressée rose poudré de 5 mm de Ø

45 m de corde tressée ambre de 5 mm de Ø

### Matériel

1 paire de ciseaux

1 rouleau de ruban adhésif

### Nœuds employés

Nœud plat (voir page 66)

Baguette simple oblique (voir page 71)

Nœud simple double (voir page 64)

Coupez 30 morceaux de corde tressée rose poudré de 1,5 m de longueur.

Disposez-les verticalement les unes à côté des autres, bien à plat, et maintenez-les avec un morceau de ruban adhésif pour qu'elles ne bougent pas et ne se mélangent pas. Travaillez en rangs.

Rang 1 : passez 1 fil/faites 2 nœuds plats/passez 2 fils/ faites 2 nœuds plats/passez 2 fils/faites 2 nœuds plats/1 fil.

Rang 2 : passez 3 fils/faites 1 nœud plat/passez 6 fils/ faites 1 nœud plat/passez 6 fils/faites 1 nœud plat/3 fils.

Vous obtenez 3 triangles pointant vers le bas sur toute la largeur de la bande. Bordez chaque triangle d'une baguette oblique. Vous avez réalisé le 1$^{er}$ rang de demi-losanges.

Faites un nœud plat entre les demi-losanges avec tous les fils et en laissant 4 fils dormants au centre du nœud. Réalisez ensuite une baguette oblique à droite et à gauche pour former des losanges.

Continuez le travail de nœuds plats avec tous les fils et 4 fils dormants, de façon à avoir 7 rangs de baguettes obliques, en terminant la bande en symétrie par rapport aux deux premiers rangs.

Réalisez le second côté de la déco de coussin de la même manière avec la corde tressée ambre.

Superposez les deux faces, endroit contre endroit. Nouez ensemble deux par deux les fils des extrémités en vis-à-vis par des nœuds simples.

Recoupez les franges pour les égaliser. Il ne reste plus qu'à glisser le coussin dans son fourreau.

# LA DÉCO MURALE

### Fournitures

10,8 m corde peignée écrue de 1cm de Ø

1 tambour de 25 cm de Ø

### Matériel

1 paire de ciseaux

1 peigne

### Nœud employé

Nœud chinois
(voir page 70)

Coupez 6 morceaux de corde peignée de 1,8 m.
Faites deux groupes de 3 cordes.
Réalisez un nœud chinois en emprisonnant le tambour dans chaque arrondi extérieur du nœud.
Effilochez l'extrémité des 6 cordes avec le peigne sur une quinzaine de centimètres.

### Astuce

Vous pouvez ajouter un fil de couleur ou un fil or de manière aléatoire autour de la corde.

# L'ÉTAGÈRE À SUSPENDRE

### Fournitures

1 petite cagette de 20 x 30 cm

1 anneau en bois de 3 cm de Ø

6 m de corde peignée eucalyptus de 9 mm de Ø

### Matériel

1 paire de ciseaux

### Nœuds employés

Nœud à tête de Maure (voir page 70)

Demi-clé (voir page 65)

Coupez 2 morceaux de corde peignée de 3 m de longueur. Réalisez 20 cm de nœuds à tête de Maure en glissant l'anneau en bois dans le premier nœud.

Séparez les fils et glissez-les dans les angles de la cagette. Faites 12 demi-clés bien serrées autour de chaque fil.

# LA SANGLE DE PLAID

### Fournitures

32 m de corde câblée écrue de 4 mm de Ø

9,6 m de corde câblée moutarde de 5 mm de Ø

### Matériel

1 paire de ciseaux

### Nœuds employés

Demi-nœud plat torsadé (voir page 66)

Nœud plat (voir page 66)

Baguette festonnée (voir page 72)

Coupez 8 morceaux de corde câblée écrue de 4 m de longueur et 12 morceaux de corde câblée moutarde de 80 cm. Alignez les 8 fils écrus et délimitez le milieu. En commençant à 14 cm du milieu, réalisez une série de demi-nœuds plats torsadés sur 28 cm de longueur : travaillez avec 2 fils courants pris ensemble à droite et à gauche et 4 fils dormants au centre. Vous venez de réaliser la poignée de la sangle.

Séparez les fils de chaque côté de la poignée en en positionnant 4 devant et 4 derrière. Laissez les fils arrière en attente. Faites une baguette festonnée de 15 cm de hauteur environ avec les 4 fils écrus à gauche de la poignée et 3 fils moutarde, dont vous laissez les extrémités dépasser en haut, à gauche.

Faites la même chose sur le côté droit de la poignée, en vis-à-vis, en laissant les fils moutarde dépasser à droite.

Retournez la poignée et nouez des baguettes festonnées de la même manière sur les fils du dos, en symétrie.

Nouez deux par deux les fils écrus en vis-à-vis pour fermer le fond des deux parties la sangle. Égalisez les franges.

De chaque côté de la poignée, faites un nœud plat avec les 3 fils moutarde. Égalisez les franges.

Roulez votre plaid et glissez-le dans la sangle.

# LE PHOTOPHORE À SUSPENDRE

**Fournitures**

1 pot de 7 cm de Ø et 6 cm de hauteur

1 anneau en métal

27 m de corde câblée bleu paon ou terracotta de 3 mm de Ø

**Matériel**

1 paire de ciseaux

**Nœuds employés**

Nœud à tête d'alouette (voir page 62)

Nœuds plats alternés (voir page 67)

Nœud à tête de Maure (voir page 70)

Franges ligaturées (voir page 75)

Coupez 26 morceaux de corde câblée de 90 cm de longueur.

Pliez en deux 25 fils et attachez-les sur le dernier fil avec un nœud à tête d'alouette, les uns à côté des autres et centrés sur le fil. Nouez les extrémités du fil pour fermer en rond.

Faites 5 tours de nœuds plats alternés serrés. Laissez en attente.

Coupez 2 morceaux de corde câblée de 1,5 m de longueur. Croisez les fils au milieu et faites 3 nœuds à tête de Maure, sans oublier de glisser l'anneau métallique dans le premier nœud.

Reprenez l'ouvrage laissé en attente.
Glissez chacun des fils de l'attache dans un nœud plat du premier tour, en les espaçant régulièrement, et faites-les dépasser en bas avec les fils du macramé.

Regroupez tous les fils et faites une frange ligaturée avec un morceau de corde câblée de 60 cm de longueur.

# CAHIER DES TECHNIQUES

# LA TEINTURE VÉGÉTALE

Avec une technique de teinture végétale pas très orthodoxe (toutes les informations disponibles sur ce sujet figurent dans les ouvrages spécialisés) mais ultra simple, amusez-vous à teinter de la corde et des textiles avec des ingrédients que vous avez à portée de main dans votre cuisine pour réaliser des objets de déco qui ne nécessiteront pas d'être lavés.

Que vous utilisiez des fanes de carottes, des pelures d'oignons ou de la peau d'avocat, le procédé est le même.

**Recette**

Gardez les fanes d'une botte de carottes, une grosse poignée de pelures d'oignons ou encore les peaux de deux avocats pour un volume de 3 litres d'eau.

Faites bouillir l'eau, puis plongez dedans les fanes, les pelures ou les peaux d'avocats. Laissez bouillir entre 20 minutes et 1 heure suivant le résultat de la couleur que vous souhaitez obtenir. Plus vous laissez longtemps bouillir la décoction, plus le résultat sera foncé. Filtrez soigneusement. Mettez la corde dans le bain obtenu et laissez-la chauffer pendant 20 minutes à 1 heure. Égouttez la corde, essorez-la et faites-la sécher.

# NŒUD À TÊTE D'ALOUETTE

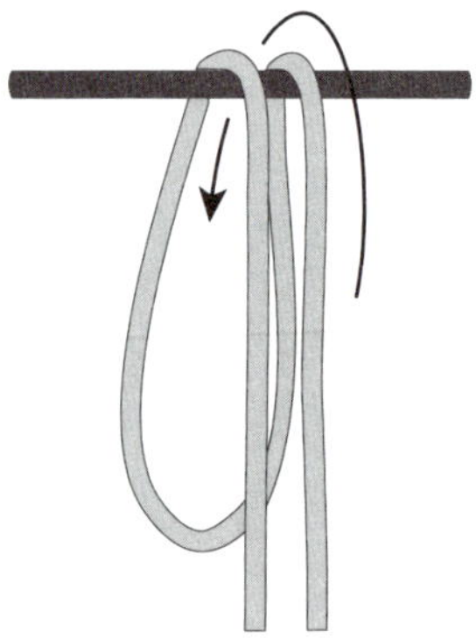

**1.** Pliez le fil en deux et placez-le à cheval sur le tasseau.

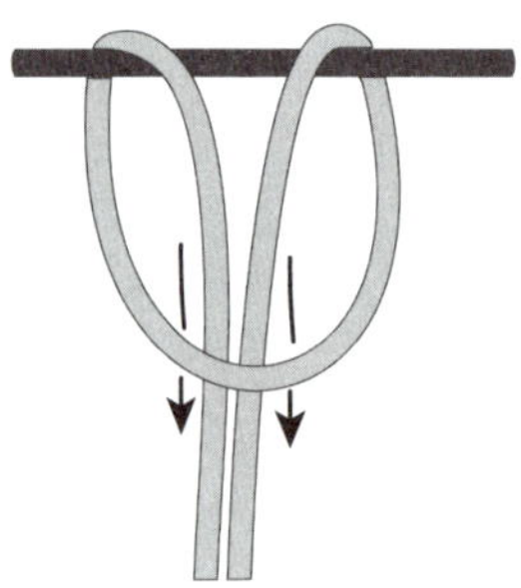

**2.** Glissez les extrémités du fil dans la boucle.

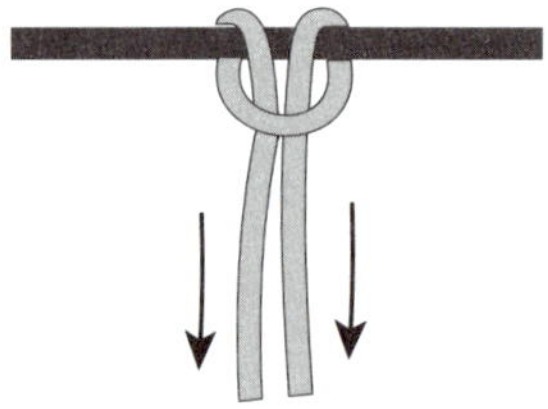

**3.** Resserrez le fil sur le tasseau en prenant soin de vérifier que les 2 fils libres aient la même longueur.

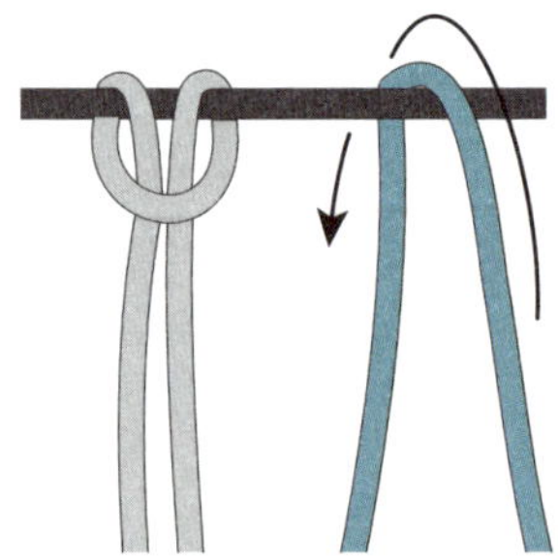

**4.** Déclinaison du nœud à tête d'alouette : placez le fil à cheval sur le tasseau de façon que les fils aient la même longueur.

**5.** Ramenez le fil arrière vers l'avant, passez-le par-dessus l'autre fil et amenez-le vers l'arrière du tasseau.

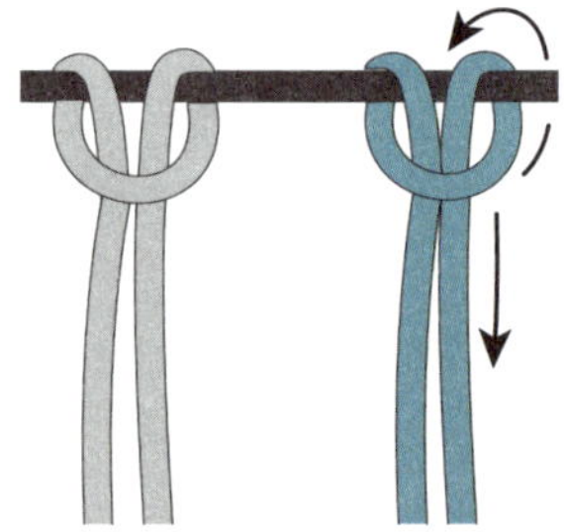

**6.** Passez ensuite le fil par-dessus le tasseau et dans la boucle ainsi formée. Vérifiez que les 2 fils libres aient la même longueur.

# MONTAGE CIRCULAIRE

## EN DEMI-CLÉS DOUBLES

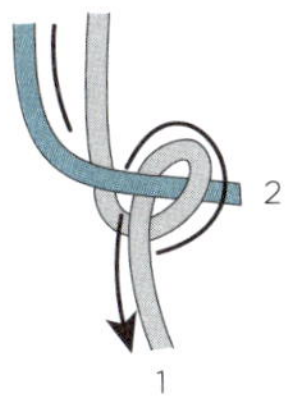


**1.** Entourez un fil courant 1 autour d'un fil de base 2 fermé en rond. On obtient une demi-clé.

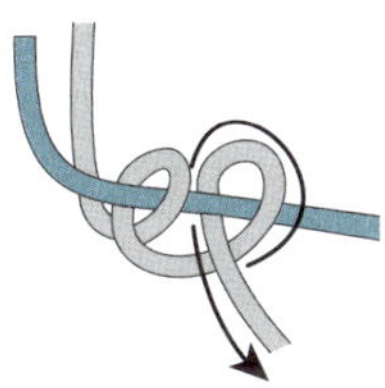

**2.** Formez une seconde demi-clé de la même manière et passez le fil courant 1 entre les deux demi-clés.

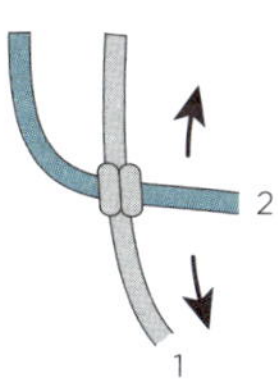


**3.** Tirez sur les extrémités du fil courant 1 pour serrer les demi-clés sur le fil dormant 2. Continuez la pose des fils suivants en répétant les étapes 1 et 2.

## EN NŒUDS À TÊTE D'ALOUETTE

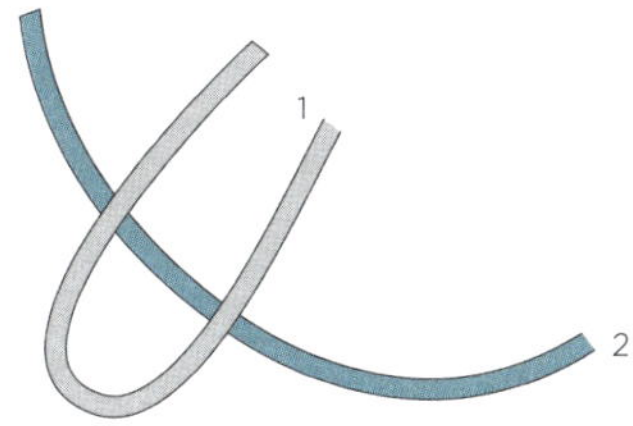


**1.** Positionnez un fil courant 1 plié en deux sur un fil dormant 2 fermé en rond.

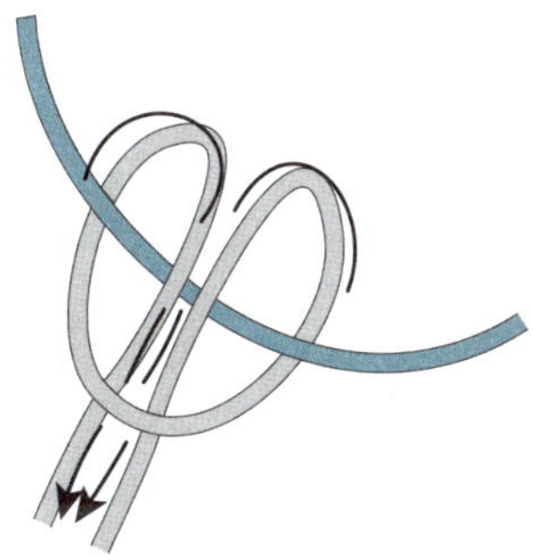

**2.** Passez les extrémités du fil courant 1 dans la boucle pour former un nœud à tête d'alouette (voir p. 62) qui emprisonne le fil dormant.

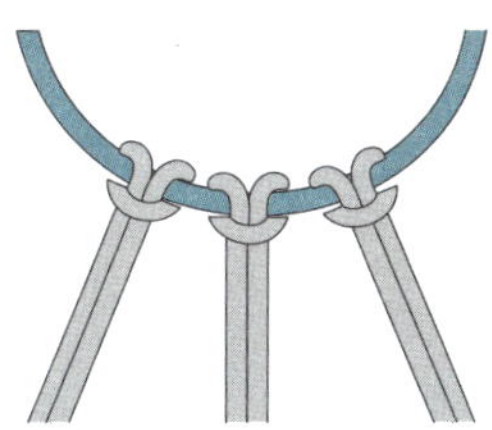

**3.** Continuez à fixer les fils courants suivants en répétant les étapes 1 et 2.

## NŒUD SIMPLE

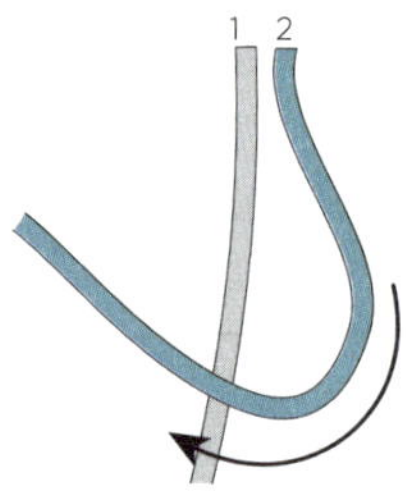


**1.** Passez la corde de droite 2 par-dessus la corde de gauche 1.

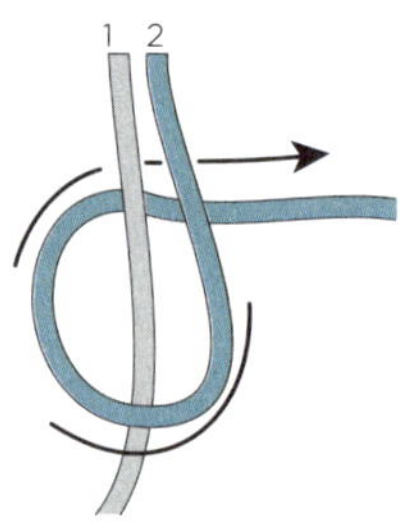


**2.** Glissez la corde 2 sous la corde 1 pour former une boucle.

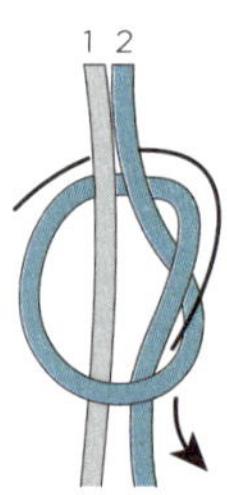


**3.** Passez la corde 2 dans la boucle et resserrez le nœud.

### NŒUD SIMPLE DOUBLE

Faites un premier nœud, suis un second, bien serré contre le premier nœud.

## NŒUD MOUCHET

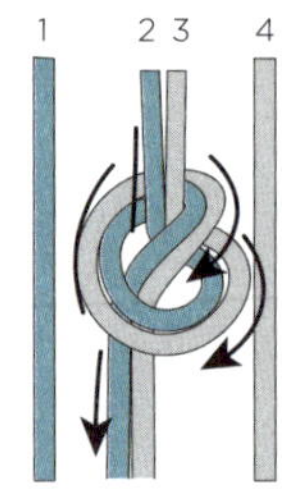


**1.** Nouez ensemble les 2 fils intérieurs 2 et 3.

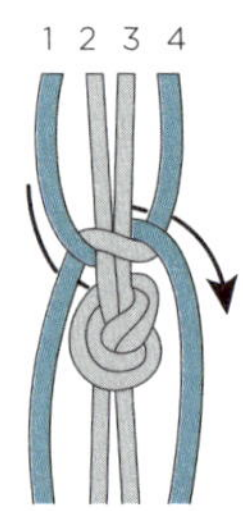


**2.** Réalisez un demi-nœud plat croisé à droite avec les 2 fils extérieurs 1 et 4 et resserrez le nœud central au plus près du demi-nœud plat. Fixez les nœuds avec des épingles si les fils glissent.

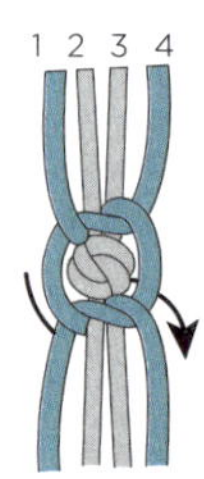


**3.** Formez un demi-nœud plat croisé à gauche avec les fils extérieurs 1 et 4 pour terminer le nœud plat.

## NŒUD DROIT

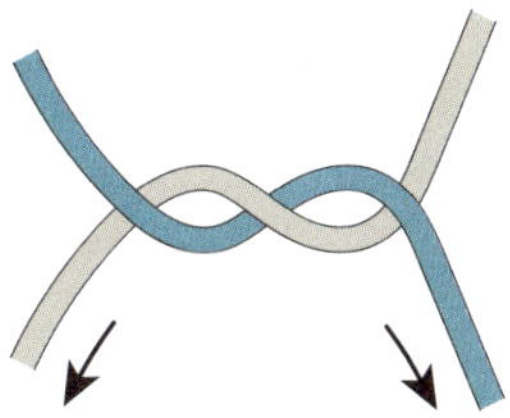

**1.** Croisez les cordes 2 fois.

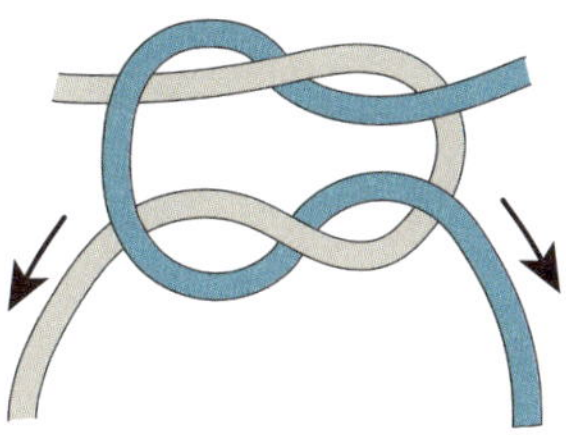

**2.** Faites des boucles avec les cordes et croisez-les.

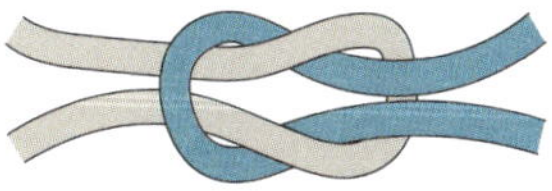

**3.** Tirez sur les extrémités pour faire le nœud. Serrez.

## DEMI-CLÉ

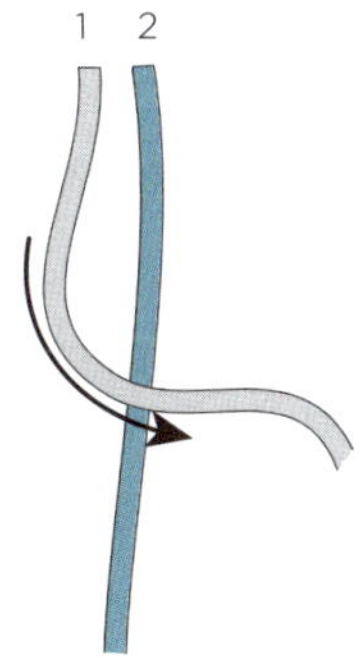


**1.** Formez une boucle en passant la corde 1 par-dessus la corde 2.

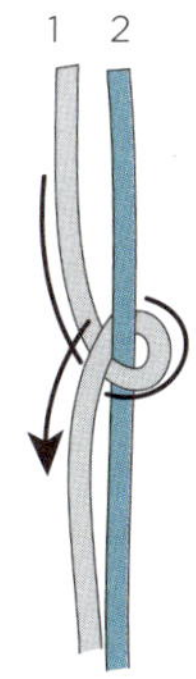


**2.** Passez la corde 1 sous la corde 2 et faites-la ressortir dans la boucle entre la corde 1 et la corde 2.

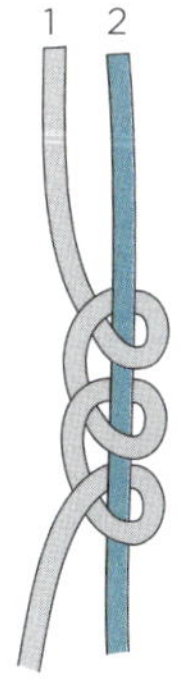


**3.** Les séries de demi-clés s'enroulent toujours dans le même sens.

# NŒUD PLAT

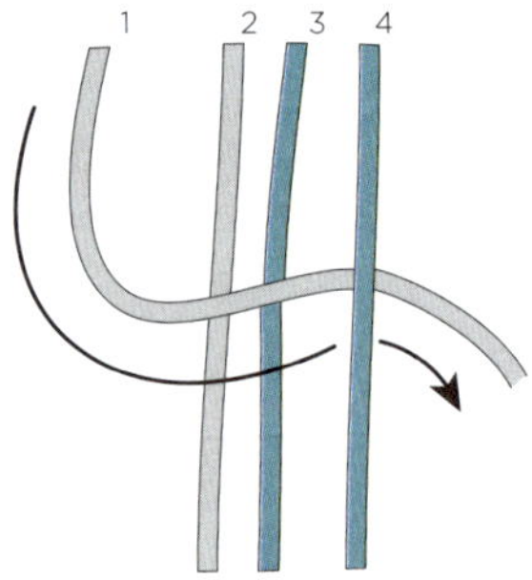


**1.** Demi-nœud noué à droite : passez la corde de gauche 1 par-dessus les 2 cordes 2 et 3 et sous la corde de droite 4.

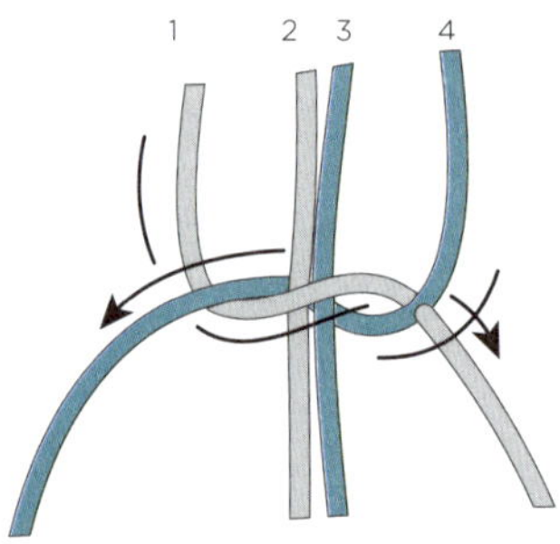


**2.** Passez la corde de droite 4 sous les cordes 2 et 3 et par-dessus la corde de gauche 1. Le demi-nœud est complet, amenez-le à la hauteur souhaitée.

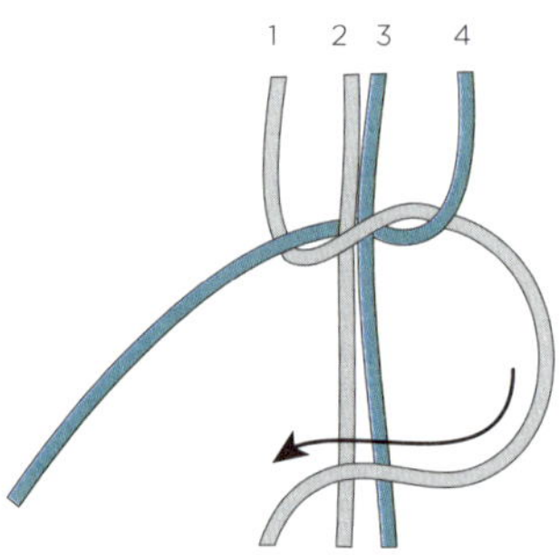


**3.** Demi-nœud noué à gauche : passez la corde 1 par-dessus les cordes 3 et 2.

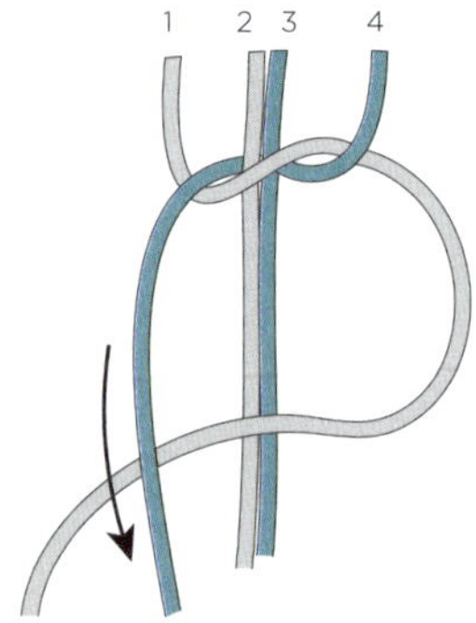


**4.** Passez la corde 4 par-dessus la corde 1.

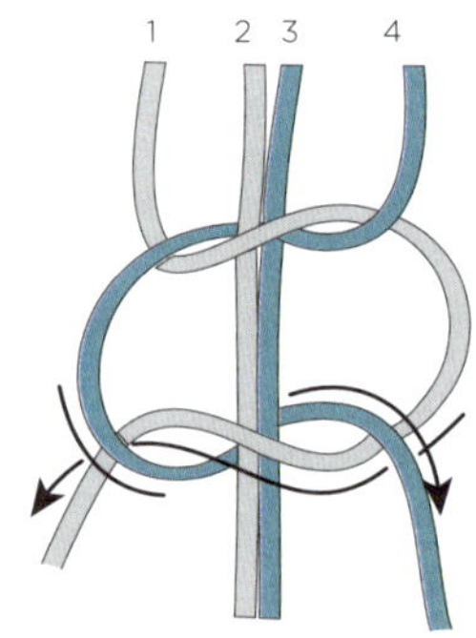


**5.** Passez la corde 4 sous les cordes 2 et 3 et par-dessus la corde 1.

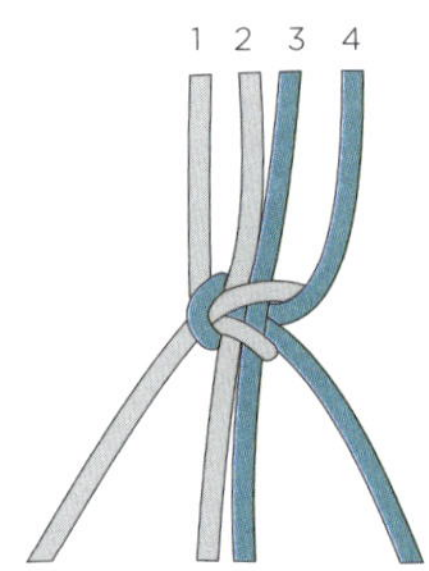


**6.** Resserrez le nœud plat en tirant sur les cordes 1 et 4.

### DEMI-NŒUD PLAT TORSADÉ

Répétez toujours les étapes 1 et 2 ou les étapes 3 et 4. Une succession de demi-nœuds noués à droite ou de demi-nœuds noués à gauche se torsade d'elle-même.

# NŒUDS PLATS ALTERNÉS

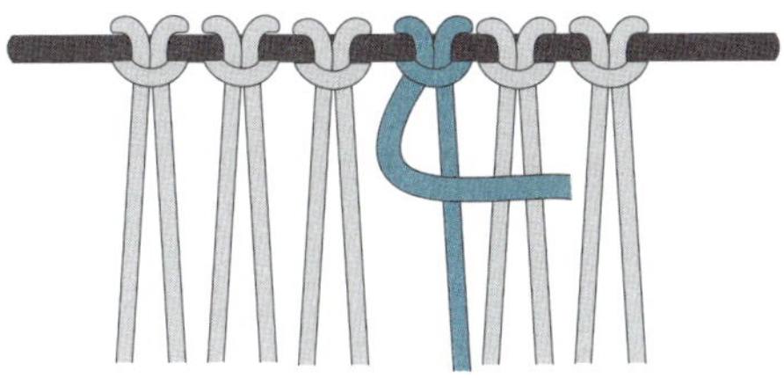

**1.** Les nœuds plats alternés se travaillent par groupes de 4 cordes.

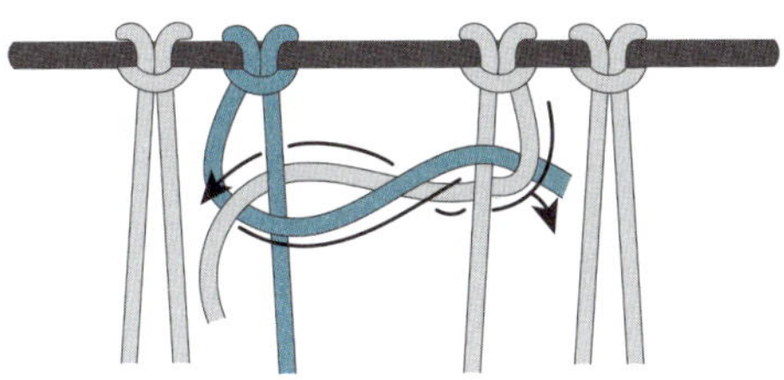

**2.** Formez la première étape du demi-nœud noué à droite sur chaque groupe de 4 cordes.

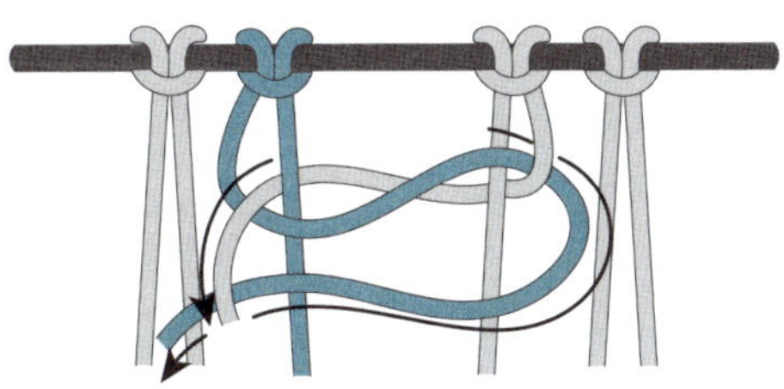

**3.** Réalisez la seconde partie du nœud plat sur chaque groupe de 4 cordes.

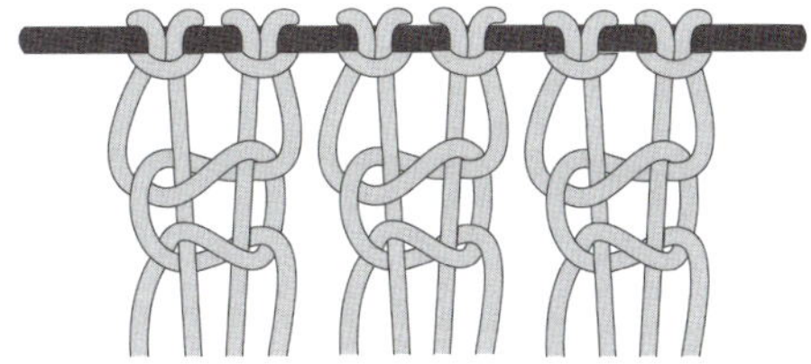

**4.** Vous obtenez un rang de nœuds plats côte à côte.

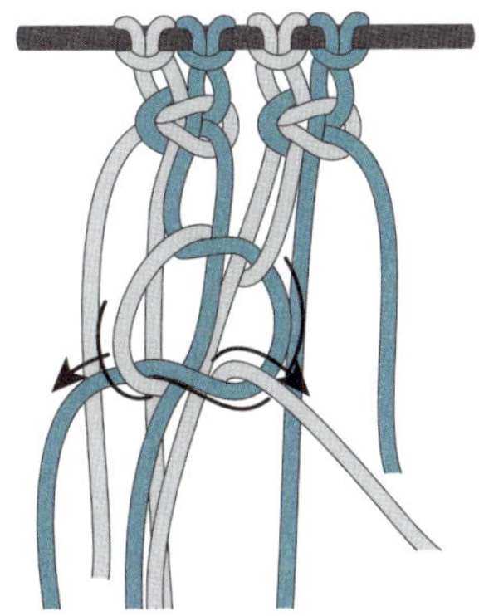

**5.** Travaillez les nœuds plats du deuxième rang en décalant les nœuds de deux cordes vers la droite pour qu'ils se placent en quinconce.

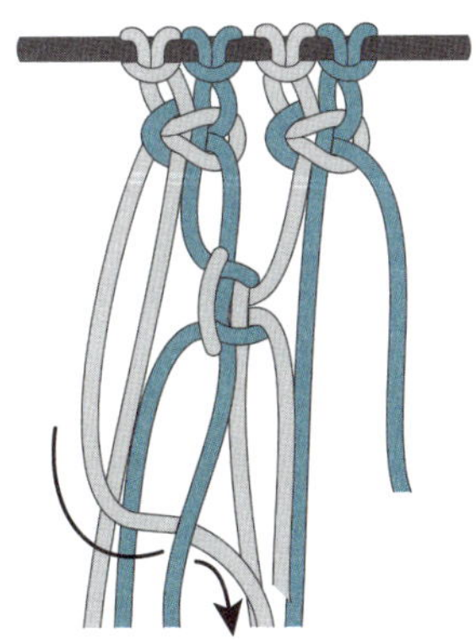

**6.** Au troisième rang, travaillez les cordes comme au premier rang. Répétez toujours les rangs 1 et 2.

# LE NŒUD SUSTEN

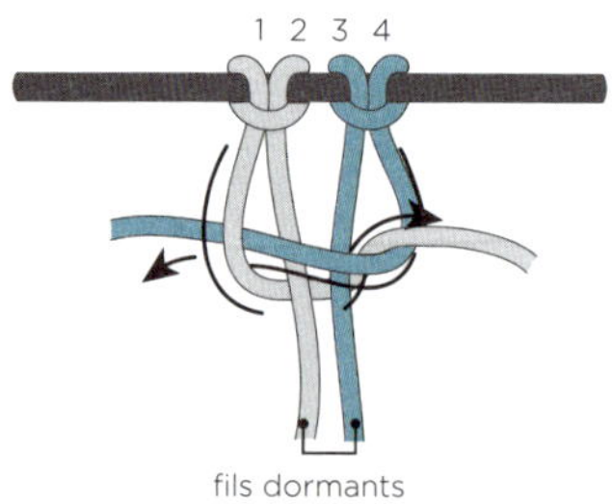


**1.** Travaillez avec les fils courants 1 et 4, les 2 fils centraux 2 et 3 sont dormants. Formez une boucle avec le fil 4 en passant par-dessus les brins centraux et une boucle avec le fil 1 en passant par-dessous les brins centraux, puis passez les fils dans les boucles.

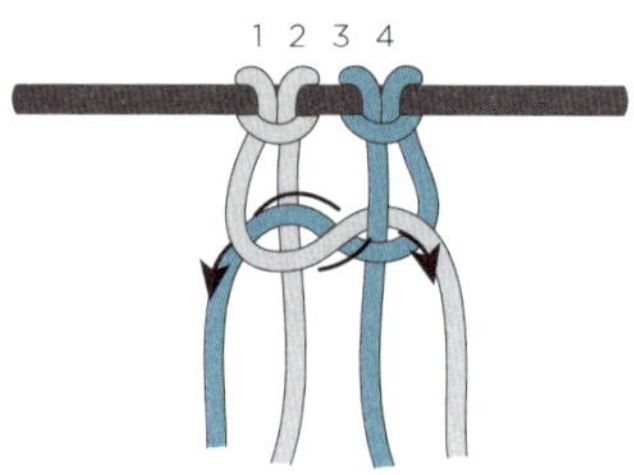


**2.** Le fil 4 est maintenant placé à gauche et le fil 1 est placé à droite.

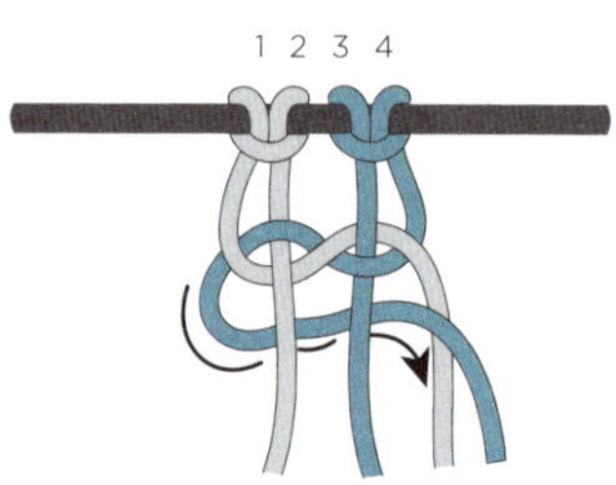


**3.** Passez le fil 4 sous les fils centraux 2 et 3 pour former une boucle, puis par-dessus le fil 1.

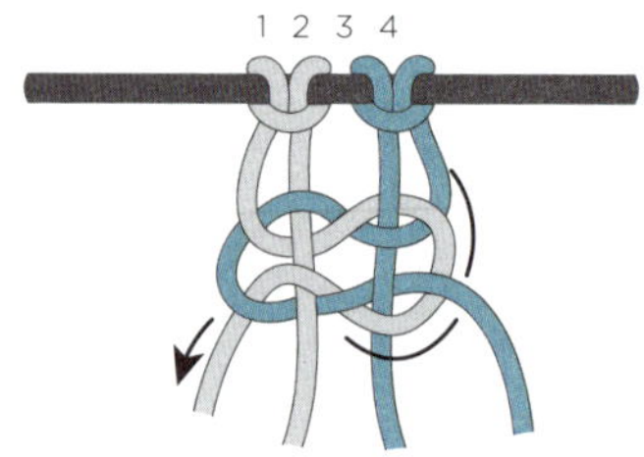


**4.** Passez le fil 1 par-dessus le fil 3, croisez-le avec le fil 4, passez-le par-dessus le fil 2 et faites-le ressortir dans la boucle du fil 4.

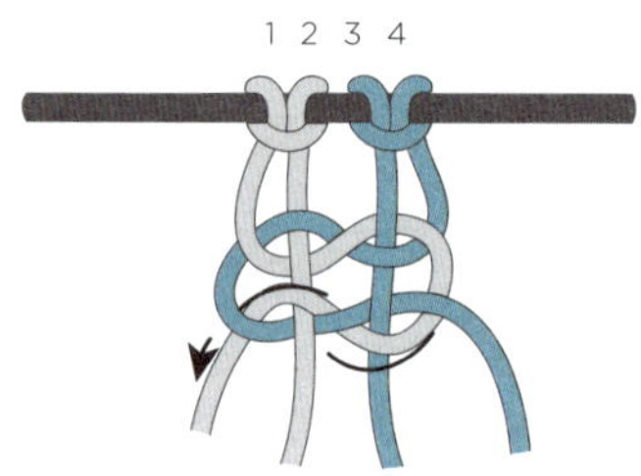


**5.** Le nœud Susten est complet, les fils courants et dormants sont dans le même ordre qu'à l'étape 1.

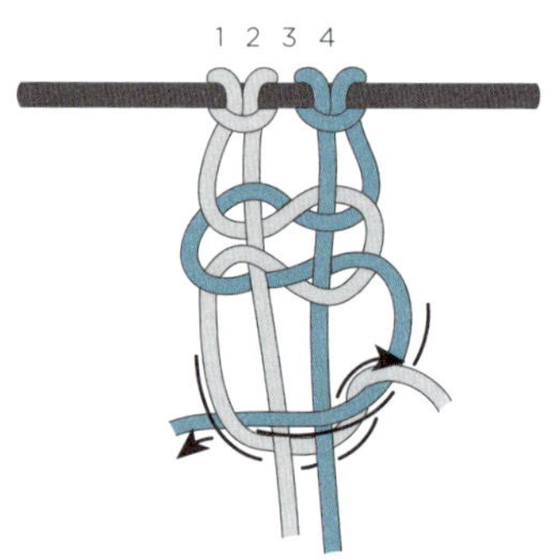


**6.** Serrez le nœud en tirant souplement sur les fils extérieurs. Le nœud doit rester bien plat. Reprenez à l'étape 1 pour réaliser le nœud suivant.

## NŒUD DE CAPUCIN

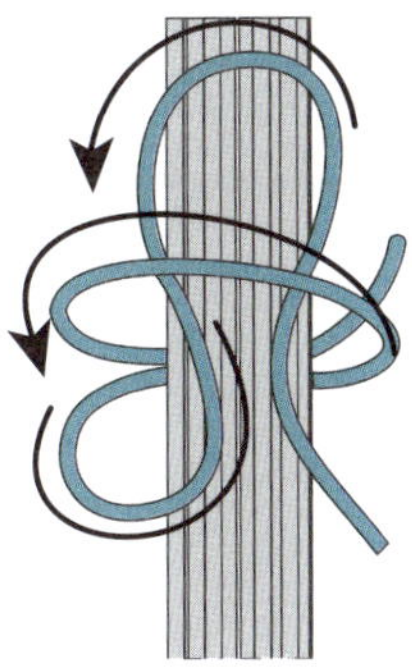

**1.** Regroupez les cordes. Faites une boucle dessus avec une autre corde et entourez cette corde autour, en laissant une extrémité dépasser, à l'opposé de la boucle.

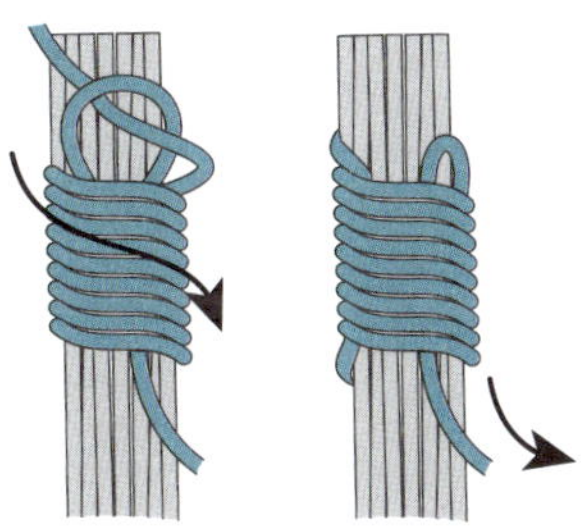

**2.** Faites plusieurs tours de corde, serrés les uns contre les autres, puis passez la corde dans la boucle et tirez. Avec une aiguille, passez cette extrémité sous la ligature puis tirez l'extrémité de la corde vers le bas.

## NŒUD JOSÉPHINE

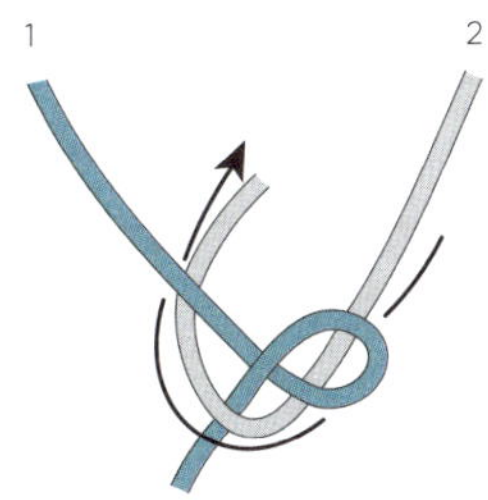


**1.** Formez une boucle avec le fil 1 et passez le fil 2 sous cette boucle, puis dessus-dessous le fil.

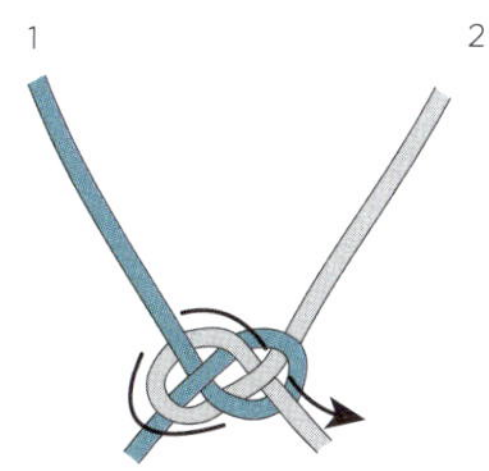


**2.** Passez le fil 2 dans la boucle formée par le fil 1, puis sous le fil 2 et faites-le ressortir de la boucle.

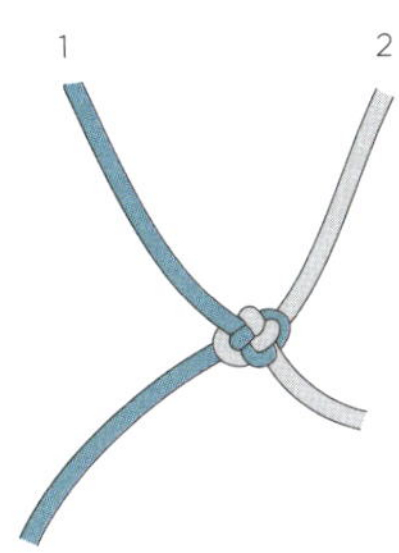


**3.** Serrez le nœud en tirant sur les fils vers l'extérieur.

# NŒUD À TÊTE DE MAURE

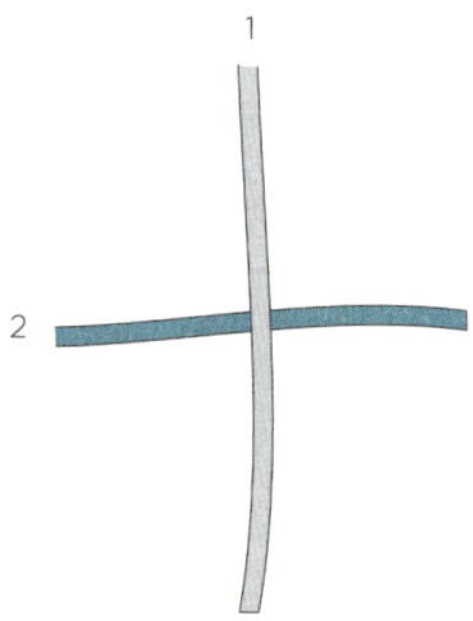


**1.** Croisez 2 fils perpendiculairement.

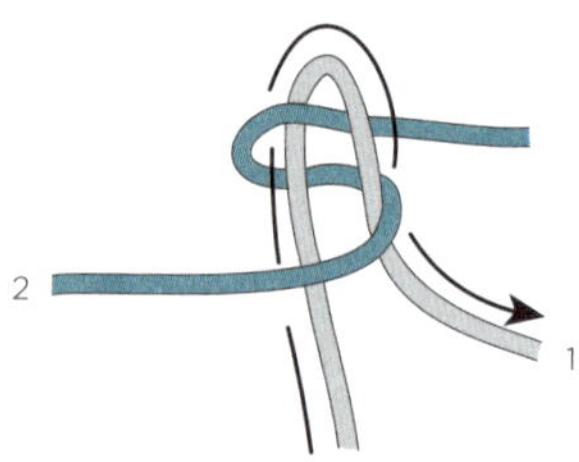


**2.** Formez deux boucles horizontales en forme de S avec le fil 2. Formez une boucle verticale avec le haut du fil 1 en passant par-dessus le premier S horizontal et sous le dernier fil du bas.

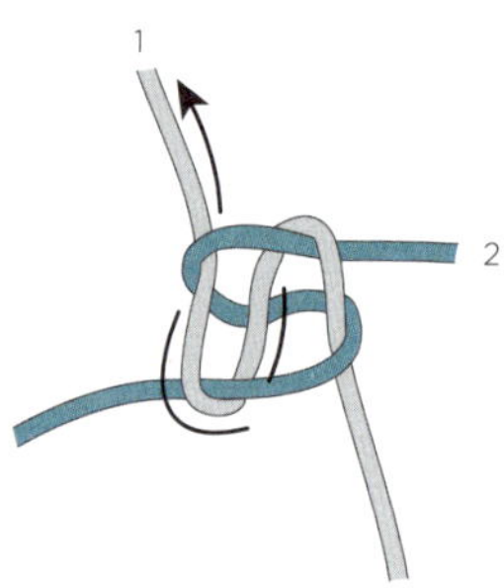


**3.** Réalisez une boucle verticale avec le bas du fil 1 en passant par-dessus le premier S horizontal et sous le dernier fil horizontal du haut. Resserrez le nœud en tirant les fils vers l'extérieur.

# NŒUD CHINOIS

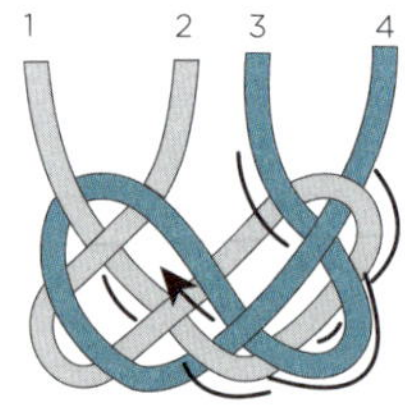


**1.** Faites 2 grandes boucles avec un fil et passez le second fil dessus-dessous de façon à former 2 autres grandes boucles.

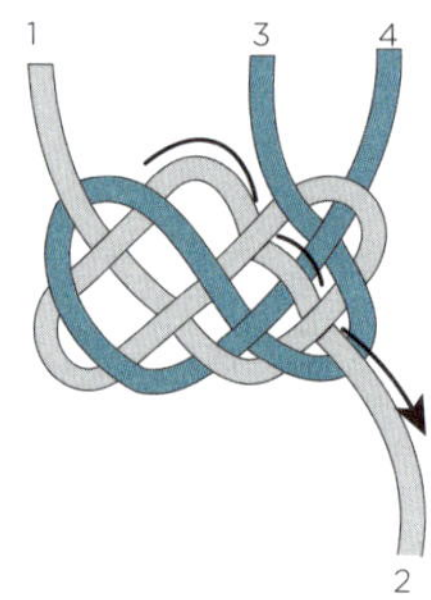


**2.** Croisez dessus-dessous le brin 2 libre en diagonale dans les boucles, à la manière d'un tissage.

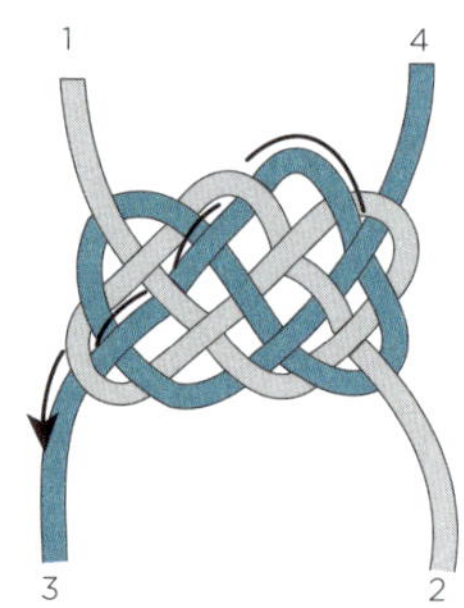


**3.** Tissez le brin 3 en revenant dans la diagonale inverse et terminez en tirant doucement sur les fils.

## BAGUETTE SIMPLE HORIZONTALE

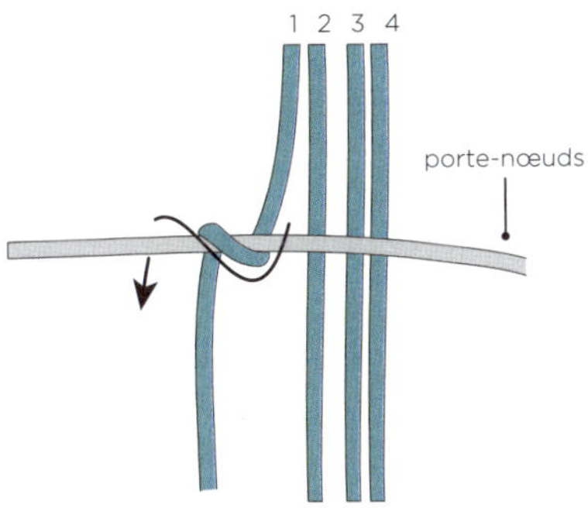


**1.** Maintenez le fil porte-nœuds bien horizontal et enroulez le fil de gauche 1 autour, de l'avant vers l'arrière.

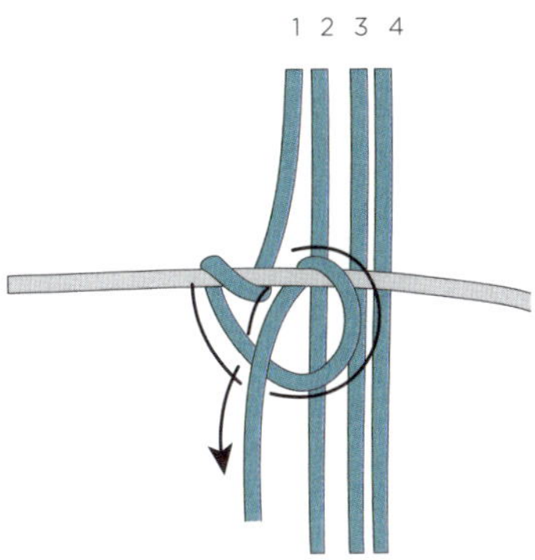


**2.** Formez une boucle avec le fil 1, repassez-le par-dessus le fil horizontal porte-nœuds puis dans la boucle.

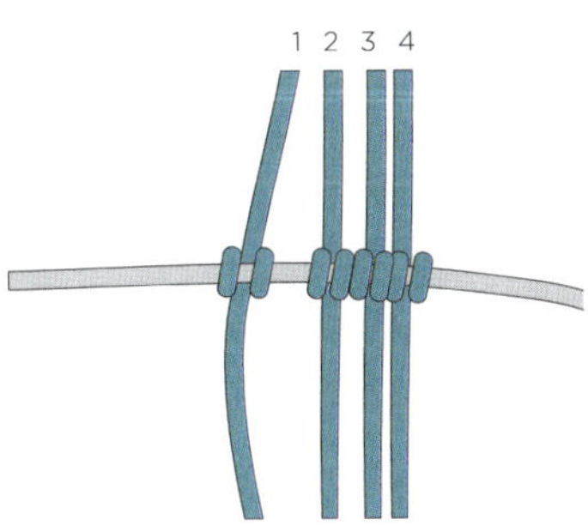


**3.** Resserrez le nœud sur le porte-nœuds. Vous obtenez 2 boucles avec le premier fil. Reprenez les étapes 1 à 3 sur les autres fils.

## BAGUETTE SIMPLE OBLIQUE

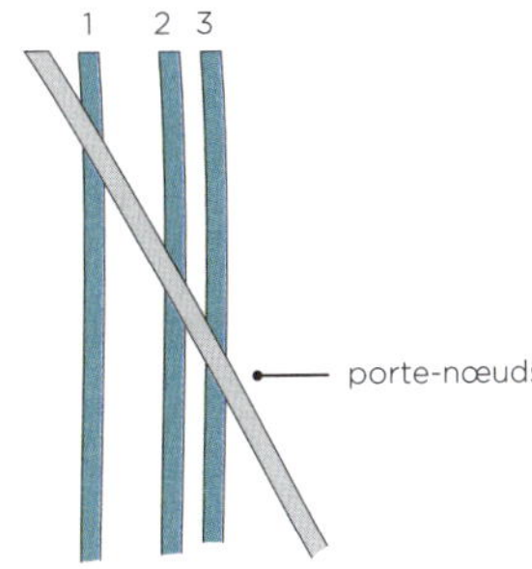


**1.** Positionnez une corde en oblique sur les autres cordes.

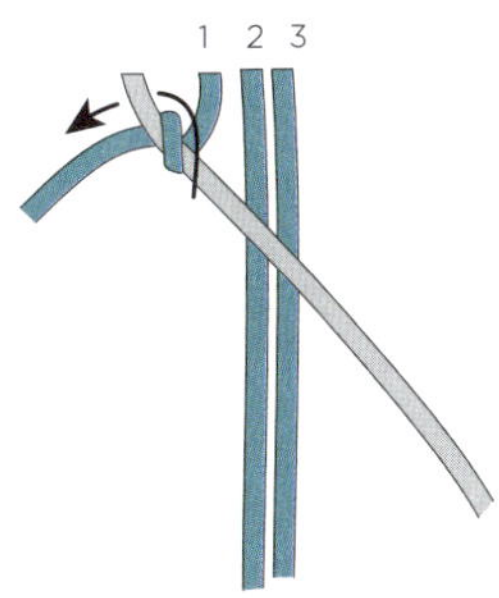


**2.** Le premier rang se travaille de gauche à droite. Enroulez la corde 1 autour du porte-nœuds pour former une boucle.

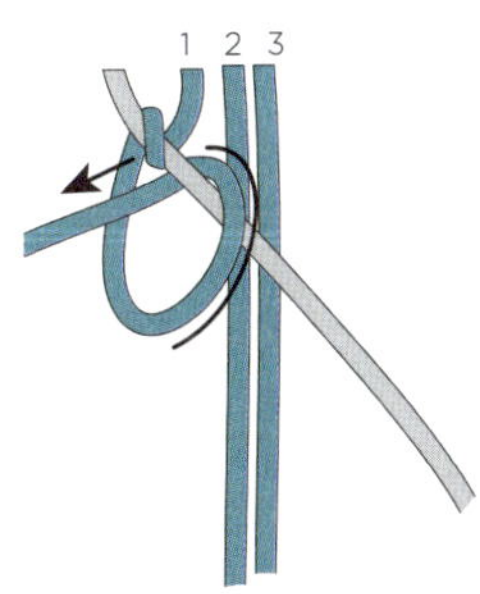


**3.** Enroulez à nouveau la corde 1 autour du porte-nœuds pour former une seconde boucle et passez son extrémité entre les deux boucles. Resserrez souplement le nœud formé par les deux boucles. Continuez de la même manière avec les autres cordes.

## BAGUETTE DOUBLE HORIZONTALE

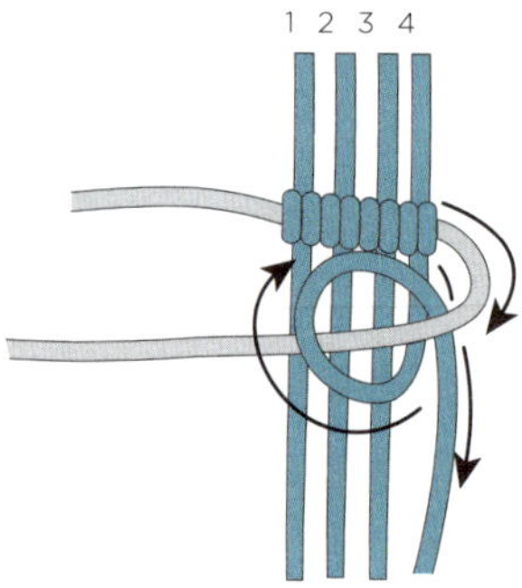


**1.** Faites une baguette horizontale (voir page 71). En fin de rang, pliez le fil porte-nœuds et maintenez-le horizontalement sous la première baguette. Enroulez le premier fil de droite 4 autour en procédant de l'avant vers l'arrière, comme à l'étape 1 de la page 71 mais en inversant l'enroulement.

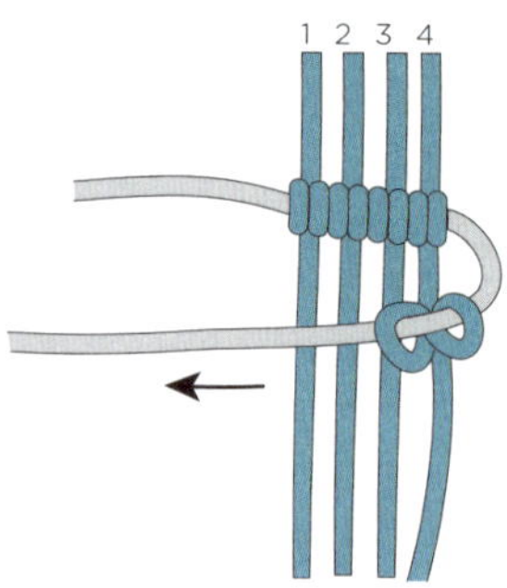


**2.** Travaillez de droite à gauche et reprenez les étapes 2 et 3.

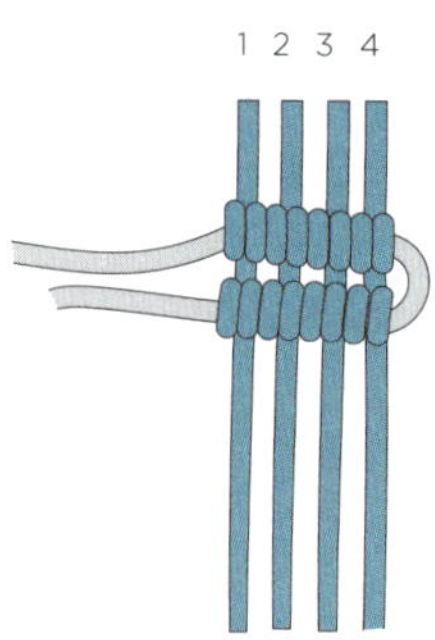


**3.** Nouez tous les fils de droite à gauche en plaçant bien les baguettes l'une sous l'autre.

## BAGUETTE FESTONNÉE

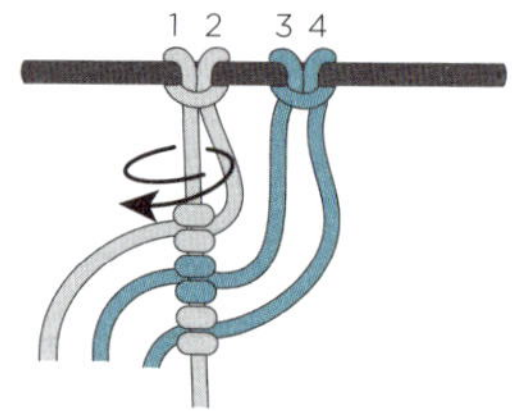


**1.** Faites 2 nœuds à tête d'alouette (voir p. 62) sur le tasseau. Le fil de gauche 1 sert de fil dormant. Réalisez successivement avec les fils 2, 3 et 4 des demi-clés doubles (voir p. 65). Les fils 2,3 et 4 sont maintenant à gauche du fil 1.

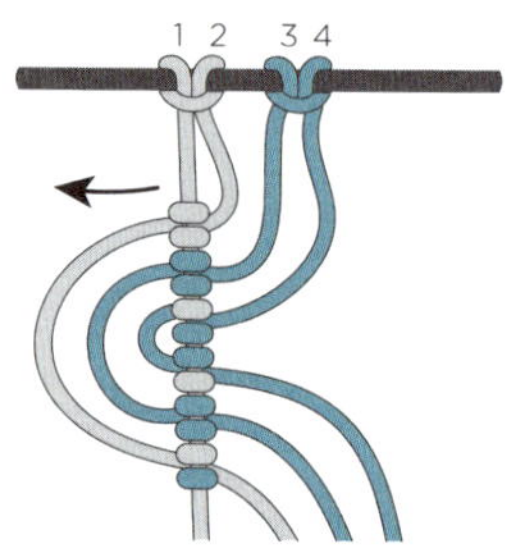


**2.** Arquez les fils 2,3 et 4 en dégradé vers la droite et réalisez une série de demi-clés doubles sur le fil 1. Les fils se placent à droite du fil 1.

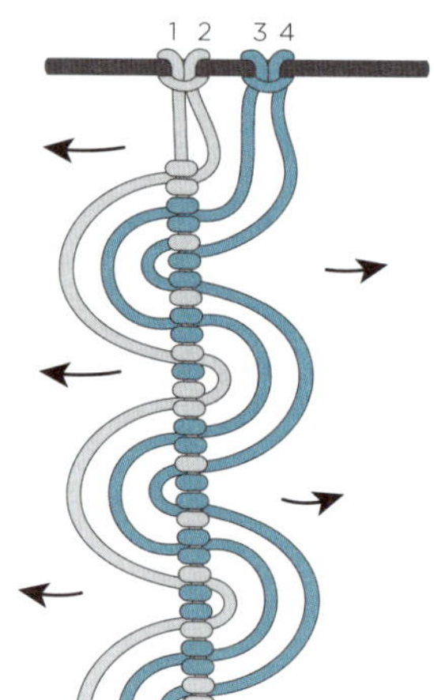


**3.** Arquez les fils courants 2, 3 et 4 en dégradé vers la gauche et réalisez les demi-clés doubles sur le fil 1. Alternez les picots à droite et à gauche régulièrement en reprenant les étapes 2 et 3.

# BAGUETTE DOUBLE OBLIQUE

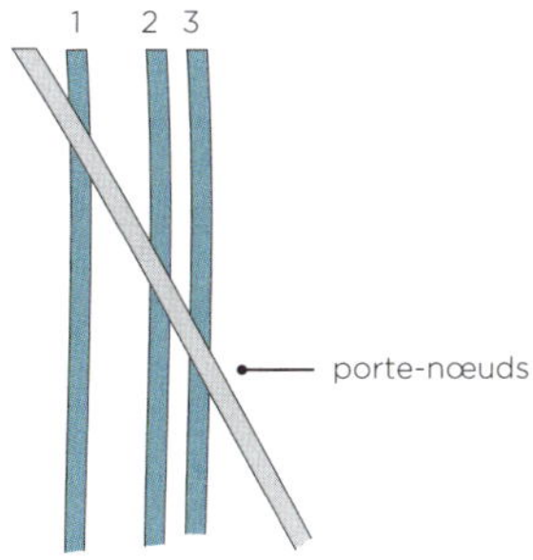


**1.** Positionnez une corde en oblique
sur les autres cordes.

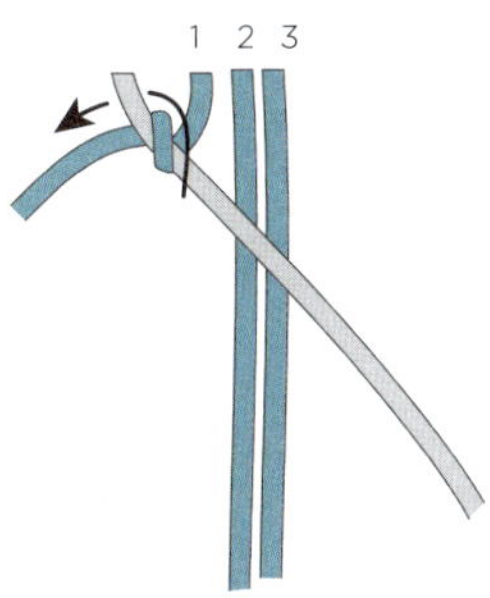


**2.** Le premier rang se travaille de gauche à droite.
Enroulez la corde 1 autour du porte-nœuds
pour former une boucle.

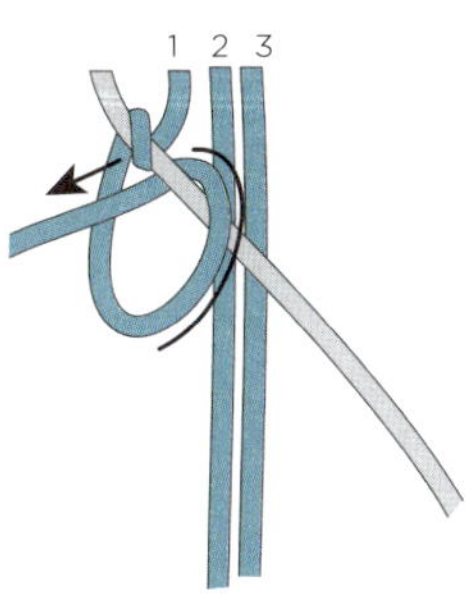


**3.** Enroulez à nouveau la corde 1 autour
du porte-nœuds pour former une seconde boucle
et passez son extrémité entre les 2 boucles.

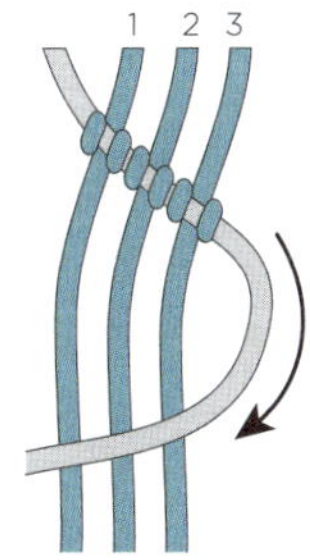


**4.** Resserrez souplement le nœud
formé par les deux boucles.
Reprenez les étapes 1 à 3 avec les cordes 2 et 3.

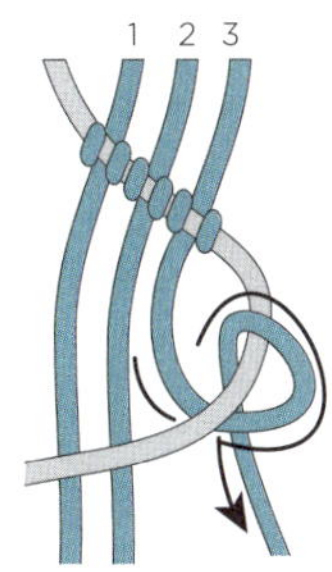


**5.** Travaillez le deuxième rang de droite à gauche.
Pliez la corde porte-nœuds dans l'oblique opposée
et nouez la corde 3 autour pour former une boucle.

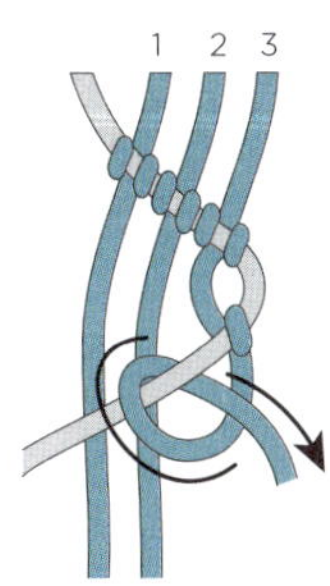


**6.** Faites une seconde boucle avec la corde 3 pour
former le premier nœud de la deuxième baguette.
Nouez ensuite les cordes 2 et 1 de la même manière.

# TECHNIQUE DES JOURS

## LES JOURS SUR GALON

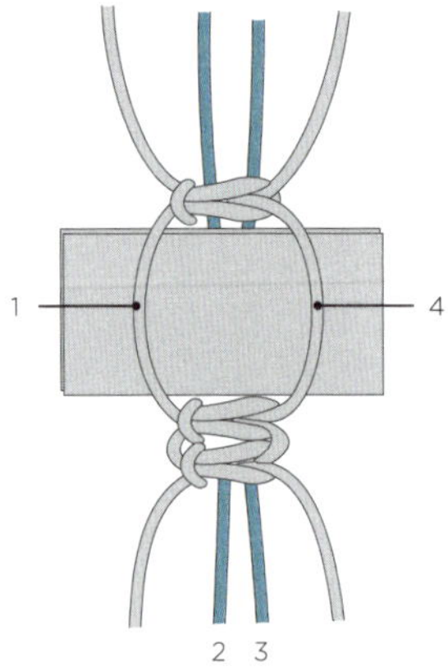


Découpez dans du carton un rectangle deux fois plus large que le galon à travailler et de la hauteur du jour. Réalisez le premier nœud, puis le deuxième en laissant un espace d'une hauteur plus importante que celle du jour souhaité. Glissez la bande de carton par-dessous les fils extérieurs 1 et 4 et par-dessus les fils centraux 2 et 3. Resserrez le deuxième nœud contre le carton. Continuez à former les jours régulièrement de la même manière.

## LES JOURS SUR FILET

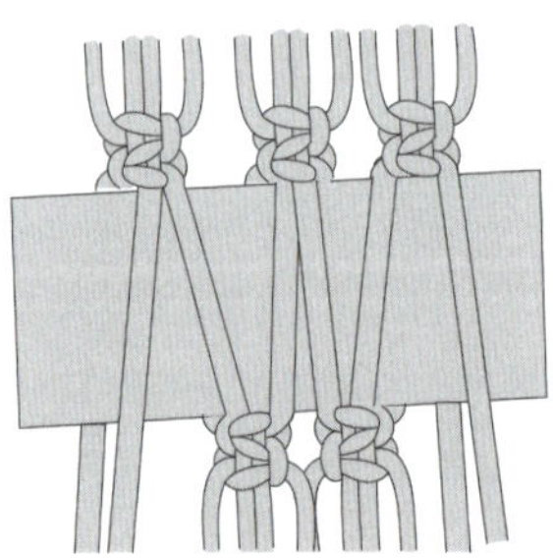

Découpez dans du carton épais une bande de 15 cm plus longue que la largeur du filet à travailler et de la hauteur des jours souhaités. Réalisez le premier rang de nœuds, puis le deuxième, en plaçant les nœuds en quinconce et en laissant un espace d'une hauteur plus importante que celle des jours souhaités. Glissez la bande de carton entre les fils : fils dormants sous le carton, fils courants sur le carton. Resserrez les nœuds du deuxième rang contre le carton. Pour faciliter le maintien du filet pendant le travail, découpez autant de bandes de carton que de rangs de jours à travailler et laissez-les en place jusqu'à la fin de l'ouvrage.

# PERLES SUR FIL DORMANT

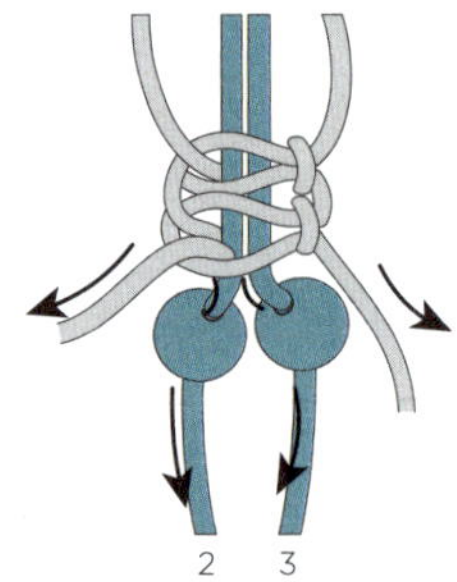


**1.** Travaillez le galon jusqu'à l'endroit où vous souhaitez intégrer les perles. Enfilez une perle sur chaque fil dormant 2 et 3 et poussez-les perles contre le précédent nœud.

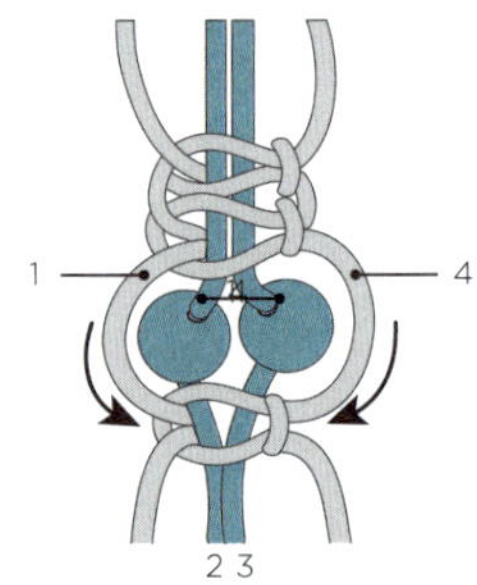


**2.** Encadrez les perles avec les fils extérieurs 1 et 4 puis formez un nœud sous les perles. Serrez ce nœud sur les fils dormants 2 et 3. Les perles sont stabilisées. Continuez le travail des nœuds. Pour ajouter d'autres perles, répétez les étapes 1 et 2.

## LES PERLES EN MÉDAILLON

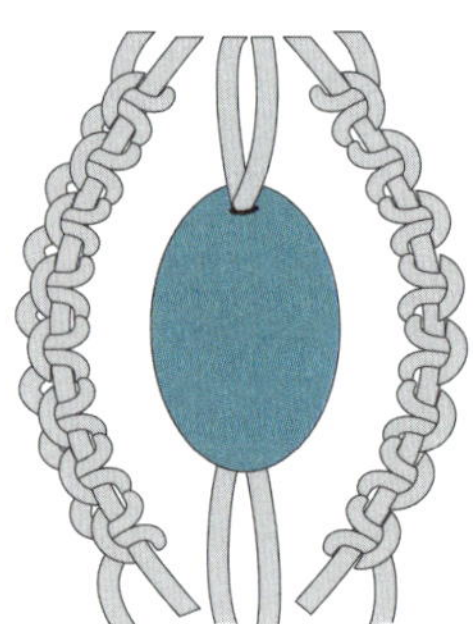


**1.** Travaillez un galon de nœuds plats sur 6 fils de base, en travaillant avec les fils extérieurs 1 et 2, 5 et 6 ensemble, puis enfilez une grosse perle sur les 2 fils dormants centraux 3 et 4. Faites des nœuds à tête d'alouette sur les fils extérieurs 1 et 2, 5 et 6, puis un nœud plat.

## FRANGES LIGATURÉES

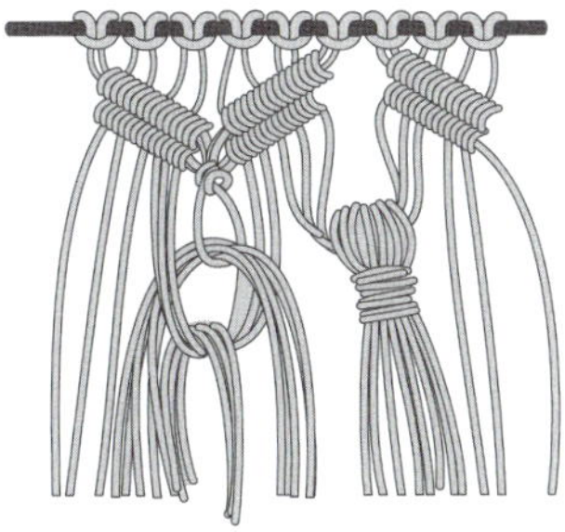

**1.** Coupez des longueurs identiques de fil. Rassemblez les brins en bottes et passez-les à cheval sur des fils du dernier rang de macramé.

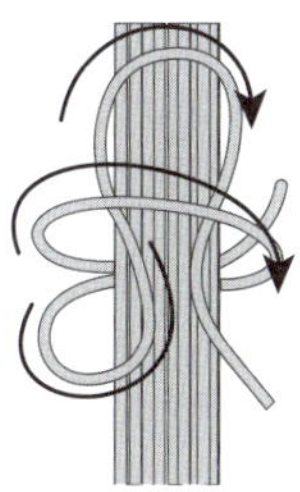

**2.** Resserrez les fils d'une botte dans son premier tiers. Faites une boucle contre les autres brins avec un brin de la botte, et entourez solidement ce brin autour.

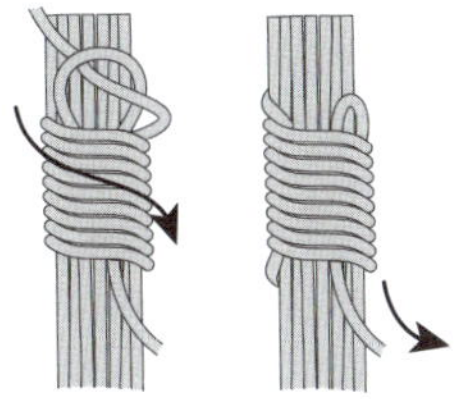

**3.** Après plusieurs tours, passez l'extrémité du brin dans la boucle et tirez. Avec une aiguille, passez cette extrémité sous la ligature puis tirez le fil flottant vers le bas pour serrer la ligature.

## TRESSE À 4 FILS

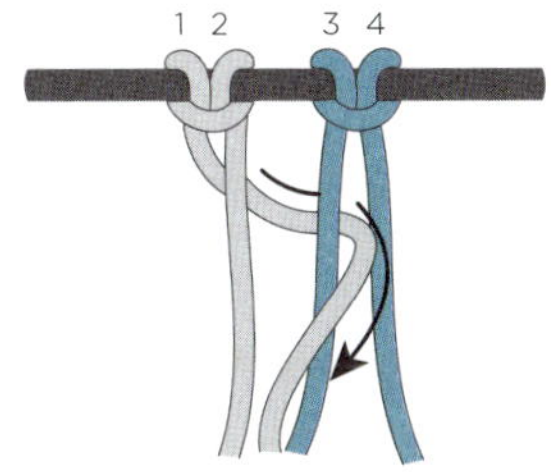


**1.** Faites 2 nœuds à tête d'alouette sur le tasseau (voir p. 62). Chaque fil doit mesurer 2 fois la longueur de la tresse terminée car tous les fils sont travaillés alternativement. Passez le fil 1 sous les fils 2 et 3 et placez-le à droite du fil 2.

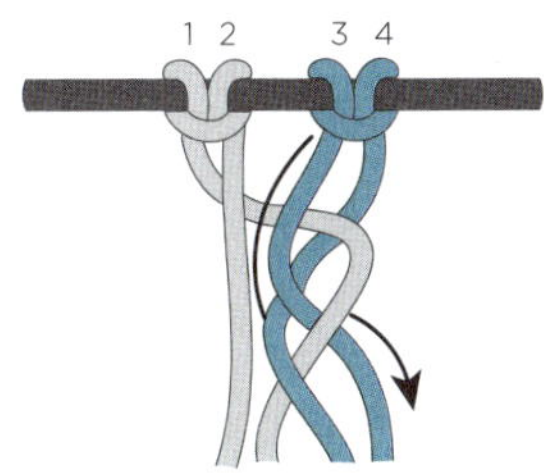


**2.** En symétrie, passez le fil 4 sous les fils 1 et 3, puis par-dessus le fil 1.

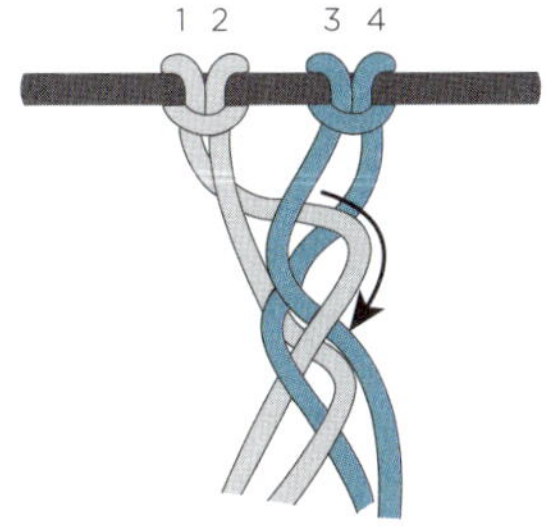


**3.** Continuez le travail en répétant les étapes 1 et 2, en tressant les fils de l'extérieur vers l'intérieur.

# CONSEILS

1. Selon la grosseur de la corde choisie, pour calculer la longueur de corde nécessaire pour un projet, prévoyez en général 3 à 5 fois la taille du projet fini.
2. Pour éviter de gâcher les cordes, il est préférable de les couper au fur et à mesure des besoins plutôt que de couper tous les morceaux en début du travail.
3. Veillez à toujours bien serrer les nœuds, la corde de coton ayant tendance à se distendre avec le temps.
4. Le macramé permet de travailler avec des matières très variées : corde de coton bien sûr, mais aussi ficelle, rubans, laine, raphia... Choisissez-les en fonction de l'utilisation finale du projet et de ce que vous trouvez dans vos tiroirs.
5. Faites en sorte d'avoir suffisamment de corde pour réaliser un projet. Mieux vaut avoir trop de corde que pas assez et ne pas pouvoir finir un projet.
6. Comme la corde a tendance à s'effilocher, pour éviter cet inconvénient, posez un morceau de masking tape ou de ruban adhésif à ses extrémités avant de commencer un ouvrage.
7. Avant de débuter un nouveau projet, exercez-vous à faire les nœuds utilisés sur des chutes de corde pour bien les maîtriser.
8. Utilisez une corde de base blanche ou écrue pour obtenir une couleur de teinture végétale plus ou moins nuancée.
9. Donnez toujours la même tension à vos cordes et respectez les espacements entre les nœuds.
10. Assurez-vous un moment de calme quand vous faites du macramé et vous verrez que cette activité manuelle, en vous faisant vous concentrer et fixer votre attention, ce transformera en art thérapie. Savourez-en les bienfaits sans modération !

# CARNET D'ADRESSES

**Adresses incontournables pour les cordes macramé câblées, tressées, peignées, de différentes grosseurs et avec un nuancier incroyable de couleurs :**

**Marie Cerise Créations**
www.mariecerisecreations.fr
Distributeur BOBBINY France
06.33.90.04.25

**SEIZE Paris**
seizeparis.com/fr

**Pour le petit matériel divers et varié :**

**BHV Paris**
www.bhv.fr

**Toutes les drogueries et les quincailleries près de chez vous.**

# REMERCIEMENTS

MERCI Pascale et Élisabeth, vous qui me faites confiance depuis mes débuts aux éditions Marabout.

Élisabeth, merci d'être aussi fan et enthousiaste dès qu'il s'agit de parler loisirs créatifs, de t'émerveiller 365 jours par an.

Pascale, merci pour ta précision, l'acharnement à mettre toute ton énergie en nous les autrices/auteurs pour mener le bateau et tous ces petits détails qui font de notre livre un livre qui nous ressemble. Une fois de plus tu es là pour démêler et aligner ces nouveaux nœuds de *L'Atelier Macramé tout en couleurs* cette fois-ci !

Édité par Hachette livre
(58, rue Jean-Bleuzen - 92178 Vanves Cedex)
Mise en pages : Estelle Chatelot et Sophie Villette
Dessins : Lucy Téxier
Photographies : Émilie Guelpa
sauf pages 60-61 : © Julie Robert
Achevé d'imprimer en Espagne par Graficas Estella

Dépôt légal : avril 2022
978-2-501-16896-0
28-9602-9